Unsere Kopiervorlagen: MEHR ALS NUR PAPPE!

STOPP – bitte noch nicht umblättern! Bevor Sie sich in Ihre Unterrichtsvorbereitung stürzen, nehmen Sie sich zwei Minuten Zeit und lesen eine kurze Einführung in die Welt der Papphefter vom Verlag an der Ruhr. Denn nur so haben Sie immer alle Vorteile im Blick:

... man findet sie in jedem Regal – ob zu Hause oder im Lehrerzimmer
... sie sind immer schnell zur Hand
... sie liefern jederzeit Ideen, kompakt, aber vielfältig
... sie passen in jede Lehrertasche
... sie sparen Zeit und schonen die Nerven
... sie sind beliebig zu ergänzen und zu sortieren
... sie schonen die Umwelt
... sie sind kreativ, innovativ und absolut praxisnah!

Ab jetzt mit neuem Verschluss

Ab sofort können Sie Ihre Kopiervorlagen spielend leicht aus dem Papphefter herausnehmen. Dank der raffinierten Konstruktion lässt sich jede Seite schnell entnehmen, ohne weitere Blätter lösen zu müssen.

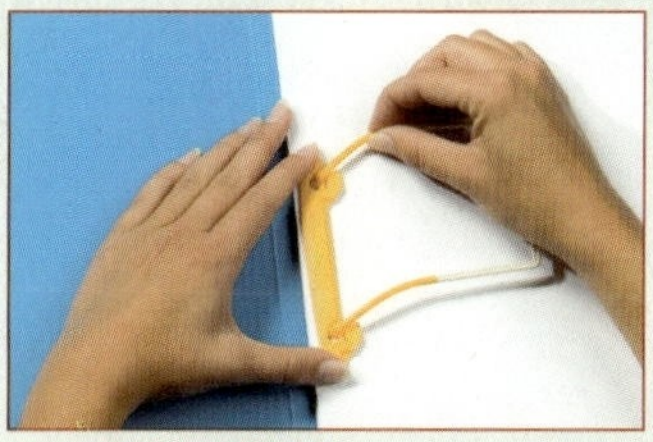

1. LOSMACHEN

2. BLÄTTERN

3. ÖFFNEN

4. HERAUSNEHMEN

5. EINFÜGEN

6. SCHLIESSEN

WUSSTEN SIE SCHON ...

... dass statistisch betrachtet jeder 2. Lehrer mind. einen Papphefter besitzt?
... dass sich derzeit ca. 1.750.000 Papphefter im Umlauf befinden und dass man, wenn man alle Papphefter hintereinander legt, zweimal das Ruhrgebiet umkreisen könnte?
... dass unsere Papphefter seit 25 Jahren treue Begleiter des Schulalltags sind – und dabei immer wieder mit neuen Ideen überraschen?
... dass die durchschnittliche Haltbarkeit eines Pappheftes 10 Jahre beträgt?
... dass sich unsere Pappen auch hervorragend als Sitzunterlage beim Grillen, als Tablett oder Untersetzer, Sonnenschutz oder Fächer beim Schulfest sowie als Sichtschutz bei Klassenarbeiten eignen?

KOPIERSCHUTZ

Mit diesem Papphefter erwerben Sie das Recht, die Kopiervorlagen aus dem Inhalt für Ihren eigenen Unterrichtsgebrauch in Klassensatzstärke zu vervielfältigen. Dies schließt die Weitergabe innerhalb des Kollegiums nicht mit ein. Wenn Sie von diesem Papphefter überzeugt sind, freuen wir uns, dass Sie Ihren Kollegen gegenüber eine Empfehlung aussprechen. Bitte geben Sie die Unterlagen nicht zum Kopieren weiter. Schützen Sie das Urheberrecht. Dies ermöglicht uns auch weiterhin, gute Materialien für Sie zu erstellen. Bitte beachten Sie dazu auch unsere Angaben im Impressum oder informieren Sie sich auf **www.schulbuchkopie.de**

Bitte beachten Sie:

Diese Seite ist ein Schutz für Ihre Materialien. Sie können sie mit dem Öffnen des Siegels entfernen.

Hier bitte das Siegel aufkleben.

Verlag an der Ruhr

Postfach 10 22 51 – 45422 Mülheim an der Ruhr
Tel.: 0208/4395450 – Fax: 0208/43954239
E-Mail: info@verlagruhr.de – **www.verlagruhr.de**

LEHRERHANDREICHUNG

Die große Weihnachtsgedichte-Werkstatt

Lyrik erleben, gestalten, präsentieren

Autorin: Andrea Geffers

Illustrationen: Svenja Maibaum u.a.

Verlag an der Ruhr

Postfach 10 22 51 – 45422 Mülheim an der Ruhr
Tel.: 0208/4395450 – Fax: 0208/43954239
E-Mail: info@verlagruhr.de – **www.verlagruhr.de**

ISBN 978-3-8346-0694-5

Geeignet für die Klassen 2–4

Liebe Lehrerinnen und Lehrer,

Gedichte gehören zur Weihnachtszeit wie Plätzchen, Kerzen und Weihnachtslieder. Mit ihnen lässt sich in der manchmal hektischen Vorweihnachtszeit eine weihnachtliche Stimmung in die Klasse zaubern, ob Kinder sie nun für sich lesen, vortragen oder dazu etwas gestalten.

Warum Weihnachtsgedichte im Unterricht?

Gedichte können die Kinder **anregen zum Nachdenken** über die Weihnachts- und Adventszeit, über die Bedeutung von Weihnachten oder unsere heutige Konsumorientierung. Die Beschäftigung mit Weihnachtsgedichten kann zudem die Erfahrungen der Kinder mit lyrischer **Sprache** vertiefen und ihre **Freude an Sprachspielereien** unterstützen.

Damit erfüllt die Thematisierung von Lyrik auch wichtige **Unterrichtsziele**, wie sie in den Lehrplänen festgeschrieben sind. Im Einzelnen fördern diese Materialien beispielsweise folgende Lernziele, Fertigkeiten und Fähigkeiten:

- die Fähigkeit zur interessegeleiteten Auswahl von Lesetexten und Aufgaben
- die Kenntnisse von Kinder- und Erwachsenenlyrik unterschiedlicher Zeiten
- kreativ mit Sprache umgehen
- poetisches Schreiben
- Gestalten mit Medien, mit Schrift
- Umsetzen von Texten in andere Darstellungsformen, z.B. Bilder oder Klänge
- szenisches Spiel
- Texte sinngestaltend vortragen (auswendig oder vorgelesen)
- die Fähigkeit, über Sprache zu reden, sich über Lese- und Arbeitserfahrungen auszutauschen und konstruktiv Kritik zu üben

Für Ihre Unterrichtsgestaltung halten diese Materialien auch einige ganz **praktische Vorteile** bereit:

- Sie können sie sehr **flexibel einsetzen**, je nachdem, ob Sie dem Thema mehr oder weniger Unterrichtszeit widmen können oder möchten (s. dazu genauer S. 7/8).
- Wenn die Kinder gestalterische Aufgaben umsetzen, können auch kleine, stimmungsvolle **Weihnachtsgeschenke** mit entstehen.
- Die Materialien bieten vielfältige Anregungen, Gedichte zu präsentieren und zu inszenieren, sodass Sie die Ergebnisse der Arbeiten auch als **Beiträge für eine Klassen- oder Schulweihnachtsfeier** nutzen können – jenseits des reinen Aufsagens auswendig gelernter Gedichte.

Wie sind diese Materialien aufgebaut?

Diese Kartei besteht aus drei Teilen, die Sie gemeinsam, nacheinander oder unabhängig voneinander einsetzen können. Alle drei Teile sind in sich so aufgebaut, dass die **einfacheren Aufgaben und Texte am Anfang** stehen, schwerere eher am Ende. Da diese Einschätzung subjektiv ist, ist dies nur als grobe Richtlinie gedacht.

Da die Arbeit mit den Gedichten etwas sehr persönliches ist, bieten sich die meisten Arbeitsblätter und Karten der Kartei für die Einzelarbeit an. Oft ist es aber auch möglich, die Aufgaben mit einem Partner zu lösen, wenn die Kinder dies wünschen.

Einige Angebote sind für die Partner- oder Gruppenarbeit vorgesehen, u.a. alle Aufgaben aus dem 3. Teil. Wenn ein oder mehrere Partner benötigt werden, ist das auf den Arbeitsblättern jeweils vermerkt.

1. Gedichte-Arbeitsblätter

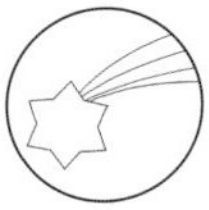

Hier finden Sie Gedichte mit jeweils passenden Arbeitsblättern. Auf diesen werden gezielt einzelne **Merkmale der Gedichte** und poetischer Sprache erarbeitet, z.B. Reim, Wortwahl, Aufbau.
Zu Beginn zielen meist einige **Fragen** auf das **Verständnis** des Textes ab. Die Seiten schließen mit einer **produktiven Aufgabe** ab, bei der die Kinder ihre Erkenntnisse in eigene Zeilen oder Verse umsetzen sollen.
Wo möglich, wurde hier eine **Differenzierung** in Form von Hilfen und Profi-Tipps vorgesehen. Die Hilfen bieten z.B. Vorgehenstipps oder eine mögliche Wortauswahl, die Profi-Tipps geben Anregung, weitere Gedicht-Merkmale in der eigenen Produktion zu berücksichtigen.

2. Gedichte-Kartei

Die Kartei beinhaltet **Aufgaben (Karte A–P)** und **Gedicht-Texte (Karte 1–23)**. Beides ist **frei kombinierbar**. Da sich für bestimmte Texte bestimmte Aufgaben eher anbieten, finden sich auf jeder Karte **Anregungen**, welches Gedicht zu einer bestimmten Aufgabe passt und umgekehrt welche Aufgabe gut zu einem bestimmten Gedicht passt. Dies ist allerdings lediglich eine Auswahl, und es handelt sich nur um Anregungen.
Eine **Gesamtübersicht**, welche Texte und Aufgaben sich meines Erachtens gut miteinander kombinieren lassen, finden Sie in diesem Lehrerheft auf S. 5/6.
Lassen Sie sich aber dadurch nicht abhalten, die Kinder eigene Kombinationen treffen zu lassen. Sie oder die Kinder können auch selbst noch **Aufgaben und/oder Gedichte ergänzen.**

Hierfür wurde bei den Gedicht-Texten eine eigene Karte vorgesehen (Nr. 23, S. 44). Dort finden Sie auch **Internet-Seiten**, auf denen die Kinder Weihnachtsgedichte suchen können. Es handelt sich hier um Seiten, die ausschließlich gemeinfreie und daher ältere Texte aufführen. Auf vielen Seiten, die auch zeitgenössische Kindergedichte führen, werden oftmals Texte abgedruckt, ohne das **Urheberrecht** der Autoren oder die Abdruckrechte der Verlage zu respektieren. Als Lehrer für diese Problematik sensibel zu sein und auch die Kinder für einen respektvollen Umgang mit den Rechten anderer im Internet zu sensibilisieren, halte ich für sehr wichtig. Daher habe ich bewusst solche Seiten nicht aufgenommen.

3. Weihnachten in der Klasse

Dieser Teil bietet Ihnen und den Kindern Anregungen, einige **umfangreichere Gedichte** oder die eigenen Arbeitsergebnisse aus der Gedichte-Kartei für eine **Aufführung** bei einer Klassen- oder Schulweihnachtsfeier zu erarbeiten.

Vorschläge für Kombinationen in der Gedichte-Kartei

Gedicht-Nummern	Gedicht-Karten	Thema	Aufgabenkarten															
			A Ein Gedicht vorlesen	B Ein Gedicht auswendig lernen	C Gedicht-Comic	D Ein Bild zu einer Zeile	E Ein Schwarz-bunt-Bild malen	F Gedicht-Laterne	G Gedicht-Fensterbild	H Gedicht in der Streichholzschachtel	I Bild-Wort-Gedichte gestalten	J Ein Akrostichon gestalten	K Selbst ein kurzes Gedicht schreiben	L Ein Gedicht mit Schrift gestalten	M Ein Gedicht mit dem Computer gestalten	N Klänge zu einem Gedicht finden	O Eigene Zeilen zu einem Gedicht schreiben	P Mehr über das Gedicht herausfinden
1	Guggenmos: Am 4. Dezember	St. Barbara	X	X			X											X
2	Koegel: Der Bratapfel	Bratapfel	X	X				X								X		X
3	Guggenmos: Der Nussknacker	Nuss-knacker	X					X	X	X						X		
4	Geffers: Adventslicht	Advent	X		X	X	X	X	X						X	X		
5	Ritter: Vom Christkind	Christkind	X			X	X	X	X									X
6	Boelitz: Knecht Ruprecht	Knecht Ruprecht	X	X			X	X	X	X				X		X		X
7	Der schönste Baum	Weih-nachts-baum	X	X				X	X	X								X
8	Mai: Weihnachtsfeiertag	Eltern/ Kinder	X		X		X							X				
9	Mai: Heiße Liebe	Schoko-lade		X		X	X	X	X	X				X				
10	Vahle: Wo wohnt wohl der Weihnachtsmann?	Weih-nachts-mann	X		X			X							X		X	X
11	Akrostichen	Sprach-spiel, Advent				X				X		X		X				
12	Wildenbruch: Christkind im Walde	Christkind	X	X	X	X		X		X						X		X

Gedicht-Nummern	Gedicht-Karten	Thema	Aufgabenkarten															
			A Ein Gedicht vorlesen	B Ein Gedicht auswendig lernen	C Gedicht-Comic	D Ein Bild zu einer Zeile	E Ein Schwarz-bunt-Bild malen	F Gedicht-Laterne	G Gedicht-Fensterbild	H Gedicht in der Streichholzschachtel	I Bild-Wort-Gedichte gestalten	J Ein Akrostichon gestalten	K Selbst ein kurzes Gedicht schreiben	L Ein Gedicht mit Schrift gestalten	M Ein Gedicht mit dem Computer gestalten	N Klänge zu einem Gedicht finden	O Eigene Zeilen zu einem Gedicht schreiben	P Mehr über das Gedicht herausfinden
13	Haikus	Sinn von Weih-nachten						X	X	X			X					
14	Bild-Wort-Gedichte	Sprach-spiel						X	X	X	X							
15	Richter: Weihnachten	Sinn von Weih-nachten	X											X	X		X	
16	Nöstlinger: Ans Christkind	Unfriede an Weih-nachten							X		X			X	X			
17	Bernstein: Weihnachten in der Schule	Lehrer/ Kinder	X											X	X			
18	Storm: Knecht Ruprecht	Knecht Ruprecht	X					X	X									X
19	Thoma: Heilige Nacht	Sinn von Weih-nachten		X	X					X								X
20	Wölfel: Geboren ist das Kind zur Nacht	Krippe	X	X		X	X	X		X								
21	Krenzer: Wann fängt Weihnachten an?	Sinn von Weih-nachten				X	X										X	
22	Uebe: Drei Könige ziehen vorbei	Drei Könige	X	X			X	X	X	X				X				
23	Finde dein eigenes Gedicht																	X

Wie setze ich diese Materialien ein?

Diese Materialien können Sie ganz flexibel in Ihren Unterricht einbinden. Hier eine Auswahl möglicher Einsatzweisen:

Nur einzelne Teile der Werkstatt einsetzen

Wenn Sie mit Ihren Kindern gezielt an den Kriterien poetischer Sprache arbeiten möchten, können Sie z.B. nur die **Gedichte-Arbeitsblätter** einsetzen.
Wenn Sie ermöglichen wollen, sich frei und auf stimmungsmäßiger Ebene mit den Gedichten zu beschäftigen, um so den persönlichen Zugang zur Lyrik zu finden, können Sie die **Gedichte-Kartei** separat einsetzen. Wenn Sie nach Beiträgen für eine Feier suchen, greifen Sie direkt auf die Angebote **„Weihnachten in der Klasse"** zurück.

Schwerpunktarbeit mit der Kartei

Um Kinder für den Umgang mit Gedichten und für die besondere Sprache von Lyrik zu **sensibilisieren**, können Sie gezielt einzelne **Gedichte-Arbeitsblätter** auswählen, um diese gemeinsam mit der Klasse zu bearbeiten. Anschließend arbeiten die Kinder **individuell** mit der **Kartei**.
Abschließend können Sie eines der Angebote des Teils **„Weihnachten in der Klasse"** aufgreifen, am besten auch den Vorschlag, wie Ergebnisse aus der Arbeit mit der Kartei in eine Präsentation eingebunden werden können (Materialien, S. 57).

Werkstatt mit allen Materialien

Sie können entweder alle oder ausgewählte Materialien aus allen Teilen als Werkstatt zur Verfügung stellen. Sie sollten jedoch darauf achten, dass den Kindern der Umgang mit den Materialien aus den unterschiedlichen Teilen klar ist. Kindergruppen, die selbstständig ein Gedicht für eine Präsentation erarbeiten möchten, werden sicherlich eine etwas intensivere Begleitung brauchen.

Anpassen der Gedichte-Kartei an eigene Bedürfnisse

Je nach Klassensituation können Sie die Gedichte-Kartei an Ihre Bedürfnisse anpassen. Sie können z.B.:

- **Aufgaben oder Gedichte entfernen**. Achten Sie darauf, dass für die vorhandenen Gedichte immer passende Aufgaben zur Verfügung stehen und umgekehrt.
- eigene **Aufgaben und Gedichte** ergänzen oder durch die Kinder ergänzen lassen.

- eine Aufgabe vorgeben und den Kindern die Gedichtauswahl freistellen oder einige passende Gedichte vorauswählen.
- das **Gedicht vorgeben** und den Kindern mehrere Bearbeitungsweisen zur Auswahl stellen.

Die letzten beiden Punkte eignen sich auch gut zur Einführung in die Arbeit mit der Kartei.

Arbeiten mit Klasse 2

Wenn Sie mit einer 2. Klasse mit diesen Materialien arbeiten, würde ich eine etwas **gelenktere Vorgehensweise** empfehlen. So könnten Sie beispielsweise gemeinsam eines der leichteren Gedichte-Arbeitsblätter bearbeiten und eine Auswahl an Gedichten und Aufgaben aus der Kartei treffen.
Wenn Sie die Kartei in einer relativ freien, wenn vielleicht auch reduzierten Form einsetzen möchten, dann bietet es sich an, die möglichen **Aufgaben vorab gemeinsam zu besprechen**. Sie können die Kartei auch **weiter reduzieren**, indem Sie z.B. ein bis drei Aufgaben für alle Kinder auswählen und den Kindern fünf bis zehn passende Gedichte zur Auswahl stellen. Letztlich ist es auch möglich, den Kindern eine Aufgaben-Gedicht-Kombination vorzugeben. Sowohl die Gedicht-Karten als auch die Aufgaben-Karten der Kartei können Sie dabei gut **auf DIN-A4-Größe kopieren**.

Vorbereitung der Materialien

Von den **Gedichte-Arbeitsblättern** benötigen Sie für jedes Kind eine Kopie. Das Gedichtblatt müssen Sie nur dann für jedes Kind kopieren, wenn darauf gearbeitet werden soll. Ansonsten genügt eine Kopie für zwei Kinder.
Für die **Kartei** sollten Sie so viele Exemplare kopieren, dass die Kinder eine sinnvolle Auswahlmöglichkeit haben. Beim Einsatz in der Wochenplan- oder Freiarbeit, reicht evtl. ein Satz. Sinnvoll ist auch, die Kartei auf festeres, buntes Papier zu kopieren und/oder zu laminieren. Gerade bei den Gedicht-Karten ist Laminieren sinnvoll, da die Kinder sich dann z.B. mit Folienstift Markierungen für den Vortrag anbringen können.
Bei den Angeboten aus **„Weihnachten in der Klasse"** benötigt jedes Kind eine Kopie des Gedichts, ein Aufgabenblatt reicht für drei bis vier Kinder.

Wichtige Grundregeln zur Arbeit mit den Angeboten

- Lassen Sie den Kindern genug **Zeit**, bei der Gedichte-Kartei die einzelnen Aufgaben und Gedichte zu sichten. Auch wenn ein Kind sich zunächst bei den Gedichten „festliest", ist das an sich schon eine positive Lernerfahrung.

- Die Arbeit mit Gedichten ist immer etwas sehr Persönliches. Sie sollten daher auf **Benotungen** der Arbeiten verzichten.
- Wenn die Kinder frei mit den Angeboten arbeiten, sollten Sie in einer **Vorstellrunde** am Ende der Arbeitsphase (Zwischen-)Ergebnisse **präsentieren** lassen und die Kinder ihre **Aufgabenstellung erläutern** lassen. Auf diese Weise bekommen die Kinder einen guten Überblick über die unterschiedlichen Möglichkeiten.
- Egal, ob die Kinder frei arbeiten oder die Klasse gemeinsam an Aufgaben arbeitet: Nutzen Sie das Ende der Arbeitsphase auch, um Ergebnisse und Arbeitsprozesse zu **reflektieren**. Eine Auflistung möglicher **Reflexionskriterien** finden Sie im folgenden Abschnitt.
- Die Vorstellrunde ist zudem eine gute Gelegenheit für die Kinder, zu lernen, dass sie **sich über Gedichte austauschen** können. Das gemeinsame Sprechen über die Leseerfahrungen ist umso wichtiger, da die Aufgaben der Gedichte-Arbeitsblätter und der Kartei meist sinnvoller in Einzelarbeit zu bearbeiten sind, wodurch die Kinder ihren individuellen Zugangsweg finden können.
- Bei **Präsentationen** von Gedichten oder Arbeitsergebnissen sollte niemand zu einem Vortrag genötigt werden. Wenn für eine Aufführung vor Publikum jedes Kind etwas beitragen soll, bietet die Kartei genügend Möglichkeiten an, sich auch jenseits von Vorlesen oder Auswendiglernen einzubringen.

Reflexionskriterien und weitere Anregungen zu einzelnen Aufgaben

Die folgenden Ideen bündeln einige kurze Anregungen zum weiteren Umgang mit den Gedichten, z.B. Kriterien für Reflexionsrunden, Ideen zur Diskussion über die Texte etc.

S. 5f., **Bitten an den Nikolaus** – Reflexion:
- Vergleichen der Sortierungen
- Was hat geholfen, die Einteilung vorzunehmen?
- Woran habt ihr erkannt, welches das ältere und welches das neuere Gedicht ist?

S. 7f., **Vorweihnachtstrubel** – Reflexion:
- Bedeutung des Gedicht-Endes
- Wie schafft man es, dass die Zeilen sich reimen? → Beispielsweise ausgehen von Reimwörtern, dann den Rest der Zeilen füllen
- Welche Aktivitäten stehen in deiner Familie vor Weihnachten an? Wie empfindest du das?

S. 9f., **Traumbescherung** – Reflexion:
- Gibt es einen Trick, um die Reimwörter schnell zuzuordnen?
- Warum heißt das Gedicht „Traumbescherung"?
- Welche Dinge, die man nicht kaufen kann, würdest du dir wünschen?

S. 11f., **Wo man Geschenke verstecken kann** – Reflexion:

- Die eigenen Geschenke-Versteck-Gedichte vortragen
- Wie bist du beim Dichten vorgegangen, z.B., um gereimte Zeilen zu finden?

S. 13f., **Wer bringt die Geschenke?** – Reflexion:

- Vergleich der Gabenbringer in der Klasse – Übereinstimmungen/Unterschiede?
- Vorstellen der eigenen Verse
- Evtl. Aufnahme in die Gedichte-Kartei oder Lernen für den Auftritt des Nikolaus in der Schule
- Weiterführend: Gabenbringer in anderen Kulturen/Ländern

S. 15f., **Was die Rose im Winter tut** – Reflexion:

- Vergleich der Winter-Wörter und der Traum-Wörter
- Vorstellen der eigenen Gedichte
- Passen die gewählten Träume und Vorstellungen zu dem ausgewählten Wesen?

S. 17f., **Weihnachtslied** – Reflexion:

- Klärung evtl. Verständnisschwierigkeiten
- Vergleich der Gestaltungen der Kinder, evtl. durch „Museumsrundgang" – Übereinstimmungen/Unterschiede?
- Anhand einer kurzen Passage des Gedichtes die gewählten Adjektive der Kinder vergleichen
- Welche Adjektive hören sich besonders nach einem Gedicht an?

S. 19ff., **Morgen kommt der Weihnachtsmann** – Reflexion:

- Evtl. kurze Erläuterung des historischen Hintergrundes
- Vergleich der Vermutungen der Kinder über mögliche Gründe der Umdichtung
- Kinder von eigenen Erfahrungen, z.B. mit Gewaltspielzeug, berichten lassen, Meinungsbild der Klasse herausarbeiten
- Evtl. Diskrepanzen zwischen Vorstellungen der Kinder und der Erwachsenen aufgreifen

S. 22ff., **Katzenweihnacht** – Reflexion:

- Verfahren der Verknappung bei den „Katzengedanken" durchspielen und lange Sätze unterschiedlich verkürzen
- Unterschiedliche Tiergedichte vorstellen
- Passen die Gedanken, die das Kind sich überlegt hat, zu dem Tier?

S. 25f., **Aufgaben A, Ein Gedicht vorlesen** – Reflexion:

- Haben die Kinder eine sinnvolle Verteilung für die Sprechrollen gefunden? Könnte man die Sprechanteile noch besser verteilen?
- Sprechen alle verständlich und sinnvoll betont?
- Haben die Kinder sich etwas Besonderes einfallen lassen, um ihren Vortrag interessant zu gestalten?

S. 25, **Aufgaben B, Ein Gedicht auswendig lernen** – Reflexion:
- Welche Lernhilfen waren für das Kind hilfreich?
- Welche Tipps kann es anderen Kindern geben?

S. 26, **Aufgaben C, Gedicht-Comic** – Reflexion:
- Passen die Bilder zu dem Gedicht?
- Versteht man, worum es geht, auch wenn man den Gedichttext nicht kennt?

S. 26, **Aufgaben D, Ein Bild zu einer Zeile** – Reflexion:
- Können die anderen erraten, zu welcher Zeile das Bild gehört?
- Passt die Darstellung zur ausgewählten Zeile? Warum oder warum nicht?
- Sind die Farben gut gewählt?

S. 27, **Aufgaben E, Ein Schwarz-bunt-Bild malen** – Reflexion:
- Hat sich das Kind an die Vorgaben gehalten?
- Inwiefern passen die gewählten Farben gut zu dem Gedicht?

S. 27, **Aufgaben F, Gedicht-Laterne** – Reflexion:
Passen Text und Darstellung zusammen?
Anregung:
- Die Kinder können auch eigene Gedichte auf die Laterne schreiben.
- Wenn nur Strophen aufgeschrieben werden, lässt sich evtl. ein Rätsel daraus machen: Auf die Vorderseite die Strophe schreiben, ohne den beschriebenen Gegenstand zu nennen, auf die Rückseite die Lösung.

S. 28, **Aufgaben G, Gedicht-Fensterbild** – Reflexion:
- Passen Text, Serviettenmuster und ausgeschnittene Form zueinander?
- Hat das Kind ggf. eine gute Lösung für mehrere Textteile oder Kürzungen gefunden?

S. 28, **Aufgaben H, Gedicht in der Streichholzschachtel** – Reflexion:
- Hat das Kind sorgfältig und sauber gearbeitet?
- Hat es Tipps für andere Kinder?
- Passen Text und Bild zueinander?

S. 29, **Aufgaben I, Bild-Wort-Gedichte gestalten** – Reflexion:
- Welches Wort steckt hinter der Gestaltung des Kindes? Können die anderen es erraten?
- Wie ist das Kind vorgegangen, um das Wort als Bild-Wort darzustellen?

Anmerkung:
Die Erläuterungen der unterschiedlichen Formen visueller Poesie auf der Aufgabenkarte müssen die Kinder nicht im Einzelnen zuordnen können. Sie sollen lediglich einen Eindruck von den unterschiedlichen Gestaltungsmöglichkeiten gewinnen und etwas davon umsetzen können.

S. 29, **Aufgaben J, Ein Akrostichon gestalten** – Reflexion:
- ▹ Hat das Kind die Aufgabe korrekt ausgeführt?
- ▹ Welche Möglichkeit hat es für das Akrostichon gewählt (einzelne Wörter, Ausdrücke/Sätze, fortlaufender Text)?
- ▹ Passen alle Zeilen zum gewählten Wort?

S. 30, **Aufgaben K, Selbst ein kurzes Gedicht schreiben** – Reflexion:
Hat sich das Kind an die Haiku-Regeln gehalten? Evtl. andere Haiku-Schreiber beurteilen lassen.

Anregung:
Die eigenen Haikus eignen sich auch gut, um sie als Gedicht-Laterne, Gedicht-Fensterbild oder Schwarz-bunt-Gedicht zu gestalten.

S. 30, **Aufgaben L, Ein Gedicht mit Schrift gestalten** – Reflexion:
Inwiefern passen die gewählten Schriftgestaltungen zum Text des Gedichtes?

S. 31, **Aufgaben M, Ein Gedicht mit dem Computer gestalten:**
Voraussetzung:
Die Kinder sollten bereits grundlegende Erfahrungen mit einem Textverarbeitungsprogramm gesammelt haben und seine Grundfunktionen bedienen können.
- ▹ Hat das Kind passende Farben, Schrifttypen, Schriftgrößen gewählt?
- ▹ Sind einheitlich wiederkehrende Passagen einheitlich gestaltet?
- ▹ Kann das Kind evtl. Tipps für andere weitergeben (z.B. wiederkehrende Passagen nicht erneut abtippen, sondern kopieren und einfügen)? Hier kann es evtl. als Ansprechpartner und Experte fungieren, wenn ein anderes Kind diese Aufgabe bearbeitet.

S. 31, **Aufgaben N, Klänge zu einem Gedicht finden** – Reflexion:
- ▹ Hat die Gruppe konzentriert und sachbezogen gearbeitet?
- ▹ Welche unterschiedlichen Möglichkeiten für Klänge haben sie ausprobiert?
- ▹ Inwiefern passen die gewählten Klänge zum Text?
- ▹ Wären evtl. noch passendere Klangerzeuger denkbar?
- ▹ Hatte die Gruppe ungewöhnliche Ideen, um Klangerzeuger zu finden?

S. 32, **Aufgaben O, Eigene Zeilen zu einem Gedicht schreiben:**
Anmerkung:
Diese Aufgabe ist recht anspruchsvoll, da die Kinder sich die Struktur des Gedichts selbstständig erarbeiten müssen und entsprechend Parallelzeilen/-verse konstruieren müssen.
- ▹ Passen die Zeilen/Verse/Strophen vom Aufbau her zum Originalgedicht?
- ▹ Können die Zuhörer evtl. gar nicht erraten, welche Zeilen von dem „Klassendichter“ stammen?
- ▹ Hat das Kind evtl. sogar Reim und Metrum berücksichtigt?

S. 33, **Aufgaben P, Mehr über das Gedicht herausfinden** – Reflexion:

- Hat das Kind zielgerichtet gesucht und sinnvolle Informationen gefunden?
- Hat es die gefundenen Informationen verstanden und angemessen aufbereitet?
- Kann es sie anderen Kindern verständlich vermitteln?

Anmerkung:

Die Gedicht-Empfehlungen auf der Karte beziehen sich auf Gedichte zum Thema: Barbara/Barbaratag, Christkind, Knecht Ruprecht, Weihnachtsbaum. Zu allen diesen Themen wird man bei den angegebenen Suchmaschinen fündig.

Weitere Ideen zur Arbeit mit den Gedichten

- Sie können die Gedichte der Kartei als **Adventskalender** nutzen: Jeden Tag zieht ein Kind ein Gedicht und wählt eine Aufgabe aus der Kartei dazu aus. Nachteil ist hier, dass die Kinder die Texte dann nicht mehr selbst auswählen können.
- Lassen Sie die Kinder unterschiedliche Gedichte **nach Themen ordnen.**
- Die Kinder können die Gedichte auch nach ihrem **zeitlichen Ablauf** innerhalb der Weihnachtszeit ordnen.
- Lassen Sie jedes Kind ein **Lieblingsgedicht** finden.
- Aus den Lieblingsgedichten können Sie auch eine **Klassenstatistik** erstellen. Gibt es Favoriten?

Lösungen

S. 6, Bitten an den Nikolaus

1. **Richtige Nummerierung von oben nach unten:** 1, 2, 2, 1, 2, 1, 1, 2, 1, 2, 2, 1
4. „Abendgebet": Gedicht 2, traditioneller Nikolausspruch: Gedicht 1.

S. 7/8, Viel zu tun vor Weihnachten

Originaltext im Gedicht lautet: „kochen, backen, braten, waschen,/ rätseln, wispern, flüstern, naschen"

2. **Richtige Nummerierung:** 3, 1, 2
3. **Richtig sind:** Wichtig ist, sich Zeit füreinander zu nehmen.
   Denke daran, dass es bei Weihnachten eigentlich um Jesus geht.

S. 9/10, Ganz besondere Geschenke

2. **Von oben nach unten werden eingesetzt:** lacht, breit, Traum, Märchen, stehen, Spielen, zielen, fliegen, kriegen, aus, raus.

S. 12, Wohin mit den Geschenken?

2. Die Reime sind Paarreime, zwei aufeinanderfolgende Zeilen werden also immer gleich markiert.

S. 14, Wer bringt die Geschenke?

2. Die gleichen Gabenbringer kommen vor in den Gedichten 1 und 5 (Nikolaus), 2 und 6 (Christkind), 3 und 4 (Knecht Ruprecht)
3. **Richtig sind:**
   In allen Gedichten redet jemand den Gabenbringer direkt an.
   Sintaklaas kommt mit dem Schiff.
   In jedem Gedicht geht es um Geschenke.

S. 16, Adventsträume

2. **Winterwörter:** Winterszeit, Schnee, Adventszeit, Silberfrost, Zweigen, Winter; deckt, klirrt, ist um
   Traumwörter: Traum, Holunderbaum, Bienengesumm, Falter, Traum, träumt, träumt, flirrt

S. 17, Besondere Gedicht-Wörter
Originalgedicht:
Vom Himmel in die tiefsten Klüfte
ein milder Stern herniederlacht;
vom Tannenwalde steigen Düfte
und hauchen durch die Winterlüfte,
und kerzenhelle wird die Nacht.
Mir ist das Herz so froh erschrocken,
das ist die liebe Weihnachtszeit!
Ich höre fernher Kirchenglocken
mich lieblich heimatlich verlocken
in märchenstille Herrlichkeit.
Ein frommer Zauber hält mich wieder,
anbetend, staunend muß ich stehn;
Es sinkt auf meine Augenlider
ein goldner Kindertraum hernieder –
ich fühl's, ein Wunder ist geschehn.

S. 21, So verwandelt sich ein Gedicht

2. Gleich sind die Zeilen: 1, 2, 6, 7, 8, 12, 13–18
3. Unterschiedlich sind: 3, 4, 5, 9, 10, 11, wobei Zeile 10 aus dem ersten Gedicht in Zeile 5 im 2. Gedicht wieder aufgenommen wird, ebenso wie die 2. Hälfte von Zeile 11.
4.

S. 22, Nicht nur für Menschen

1. Glitzerfäden = Lametta, Bunter Ball an Silberschnur = Christbaumkugel, Kletterbaum mit grünen Nadeln = Christbaum

Nun wünsche ich Ihnen und den Kindern eine schöne und „poetische" Vorweihnachtszeit und viele Gelegenheiten zum Nachdenken, Lachen, Diskutieren und Lernen bei der Arbeit mit diesen Materialien!

Andrea Geffers

Medientipps

Weihnachtsgedichte für Kinder

Berchtold, Sabina:
Weihnachtsgedichte und Weihnachtslieder für Kinder.
Insel Verlag, 2009.
ISBN 978-3-458-35141-2

Berner, Rotraut Susanne:
Das Hausbuch der Weihnachtszeit.
Geschichten, Lieder und Gedichte.
Ab 5 J., Gerstenberg Verlag, 2007.
ISBN 978-3-8369-5174-6

Kipker, Kerstin (Hg.):
Von drauß' vom Walde komm ich her.
Die schönsten Weihnachtsgedichte.
Ab 8 J., Arena Verlag, 1999.
ISBN 978-3-401-04795-9

Krüss, James:
Die Weihnachtsmaus.
Ab 7 J., Oetinger Verlag, 1998.
ISBN 978-3-7891-1137-2

Mai, Manfred:
Leselöwen Weihnachtsgedichte.
Ab 8 J., Loewe Verlag, 1987.
ISBN 3-7855-2124-3

Nöstlinger, Christine:
Fröhliche Weihnachten, liebes Christkind.
Ab 9 J., Sauerländer, 2008.
ISBN 978-3-7941-6103-4

Weihnachtsgedichtsammlungen

Dammel, Gesine:
Die schönsten Weihnachtsgedichte.
Von Martin Luther bis Robert Gernhardt.
Insel Taschenbücher, 2009.
ISBN 978-3-458-34280-9

Koranyi, Stephan; Seifert, Gabriele (Hg.):
Gedichte zur Weihnacht.
Reclam Verlag, 2009
ISBN 978-3-15-010719-5

Praktisches für den Unterricht

Brandenburg, Birgit:
Kinder verstehen Gedichte.
Herbst- und Wintergedichte.
Kl. 2–4. Verlag an der Ruhr, 2007.
ISBN 978-3-8346-0264-0

Mithra, Salome P.:
77 Ideen für den Umgang mit Gedichten
Kl. 1–4. Verlag an der Ruhr, 2010.
ISBN 978-3-8346-0688-4

Schulz, Gudrun:
Umgang mit Gedichten.
Anbindung an die Bildungsstandards.
Cornelsen Scriptor, 2009.
ISBN 978-3-589-05145-8

Nicht alle Bücher sind aktuell noch im Handel, allerdings häufig in Bibliotheken zu finden.

Internet

http://reimlexikon.lyrikecke.de/
Reimlexikon mit einstellbaren Suchoptionen. Nicht werbefrei!

www.haiku-kurzgedichte.de/haiku-dezember
www.weihnachtsprueche.com
Winterliche und weihnachtliche Kurzgedichte.

www.sn.schule.de/~gsduerer-stl/dokumente/Weihnachtsgedichte.pdf
Weihnachtsgedichte von Kindern aus der 3. Klasse

Die in diesem Werk angegebenen Internetadressen haben wir geprüft (September 2010). Da sich Internetadressen und deren Inhalte schnell verändern können, ist nicht auszuschließen, dass unter einer Adresse inzwischen ein ganz anderer Inhalt angeboten wird. Wir können daher für die angegebenen Internetseiten keine Verantwortung übernehmen.

Andrea Geffers

Die große

Weihnachtsgedichte Werkstatt

Lyrik erleben, gestalten, präsentieren

Verlag an der Ruhr

Impressum

Titel
Die große Weihnachtsgedichte-Werkstatt
Lyrik erleben, gestalten, präsentieren

Autorin
Andrea Geffers

Titelbildmotiv
Kind rechts: © somenski – Fotolia.com

Illustrationen
Svenja Maibaum u.a.

Verlag an der Ruhr
Mülheim an der Ruhr
www.verlagruhr.de

Geeignet für die Klassen 2–4

Unser Beitrag zum Umweltschutz
Wir sind seit 2008 ein ÖKOPROFIT®-Betrieb und setzen uns damit aktiv für den Umweltschutz ein. Das ÖKOPROFIT®-Projekt unterstützt Betriebe dabei, die Umwelt durch nachhaltiges Wirtschaften zu entlasten.
Unsere Produkte sind grundsätzlich auf chlorfrei gebleichtes und nach Umweltschutzstandards zertifiziertes Papier gedruckt.

ISBN 978-3-8346-0694-5

Printed in Germany

Inhaltsverzeichnis

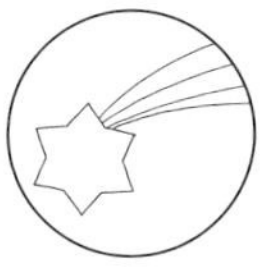

Gedichte-Arbeitsblätter

Gedichte-Kartei

Aufgabenkarten:

Gedichte:

Weihnachten in der Klasse

Vorwort

Hallo!

Hmm, es duftet schon nach Weihnachtsplätzchen – und alle packen Geschenke ein. Wenn alle leise Weihnachtslieder vor sich hinsummen oder in der Schule das große Adventssingen startet, dann wird es auch Zeit für Weihnachtsgedichte.

- ✩ Weihnachtsgedichte können genauso schön klingen wie Weihnachtslieder.
- ✩ Sie können genauso viele Überraschungen bereithalten wie ein schönes Geschenk.
- ✩ Sie können Menschen sogar genauso gut in Weihnachtsstimmung versetzen wie ein süßer Plätzchenduft.

Hier kannst du ganz **viele Weihnachtsgedichte entdecken**, alte und neue, fröhliche und nachdenkliche, kurze und lange. Und keine Angst – du musst nichts auswendig lernen, wenn du nicht möchtest!

Die meisten Aufgabenblätter kannst du alleine bearbeiten. Manchmal ist es jedoch auch notwendig, dass du mit einem oder mehreren Partnern zusammenarbeitest. Wenn du Partner brauchst, steht das auf dem Arbeitsblatt.

Du findest in diesem Band viele Aufgaben rund um Gedichte:

✩ Gedichte mit Arbeitsblättern

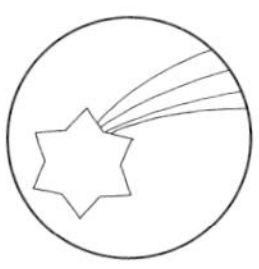

Auf den Arbeitsblättern findest du Aufgaben, die ganz genau zu den Gedichten passen.

Oft findest du eine **Hilfe** und einen **Profi-Tipp** – je nachdem, ob du die Aufgabe zu schwierig oder zu leicht findest.

✩ Eine Gedichte-Kartei

Hier findest du viele Aufgaben (Karte A–P) und Gedichte (Karte 1–23). In der Kartei kannst du selbst aussuchen, welche Aufgabe du zu welchem Gedicht machen möchtest. Dabei kannst du entweder erst einmal ein Gedicht aussuchen, das dir gefällt, und dann eine passende Aufgabe. Oder du machst es umgekehrt.

Tipps, was gut zueinander passt, findest du am oberen Rand der Karten. So kannst du die Karten leicht miteinander kombinieren.

✩ Gedichte für eine Gruppenvorstellung

Die Gedichte und die Arbeitsvorschläge hier eignen sich besonders, um sie einem Publikum **vorzuführen**. Dazu müssen mehrere Kinder in einer Gruppe zusammenarbeiten.

Schwierige Wörter

In einigen Gedichten kommen schwierige Wörter vor. Diese sind mit einem * gekennzeichnet und in einem Kasten erklärt.

Ich wünsche dir viel Spaß mit den Weihnachtsgedichten!

Andrea Geffers

Bitten an den Nikolaus (1/2)

(1) Niklaus, Niklaus, heiliger Mann,
zieht die silbernen Sporen* an.

(2) Liebster, bester Nikolaus,
Schokozeug ist mir ein Graus*.

( ) Mag halt keine süßen Sachen,
würdest mir mehr Freude machen

( ) Reist damit nach Spanien,
bringt Äpfel und Kastanien.

( ) mit einem Teller voller Fritten.
Auch um Hering tät ich bitten.

( ) Bringt sie zu den kleinen Kindern,
den großen klopft er auf den Hintern.

( ) Die großen lässt er laufen,
die können sich was kaufen.

( ) Sehr ergötzen* würd mich auch
Gänseschmalz* und Schweinebauch.

( ) Stellt sein Schimmelchen* untern Tisch,
dass es Heu und Hafer frisst.

( ) Ist in deinem Säckel*
nicht vorhanden?

( ) Dann versuch
anderswo zu landen!

( ) Heu und Hafer frisst es nicht,
Zuckerbrezeln kriegt es nicht.

***Schwierige Wörter**

- *die Sporen:*
  Metallbügel, die an den Stiefeln befestigt werden. Damit treibt man ein Pferd an.
- *das ist mir ein Graus:*
  das finde ich furchtbar
- *ergötzen:*
  erfreuen
- *das Gänseschmalz:*
  ein Brotaufstrich aus Gänsefett
- *das Schimmelchen:*
  das weiße Pferdchen
- *das Säckel:*
  das Säckchen

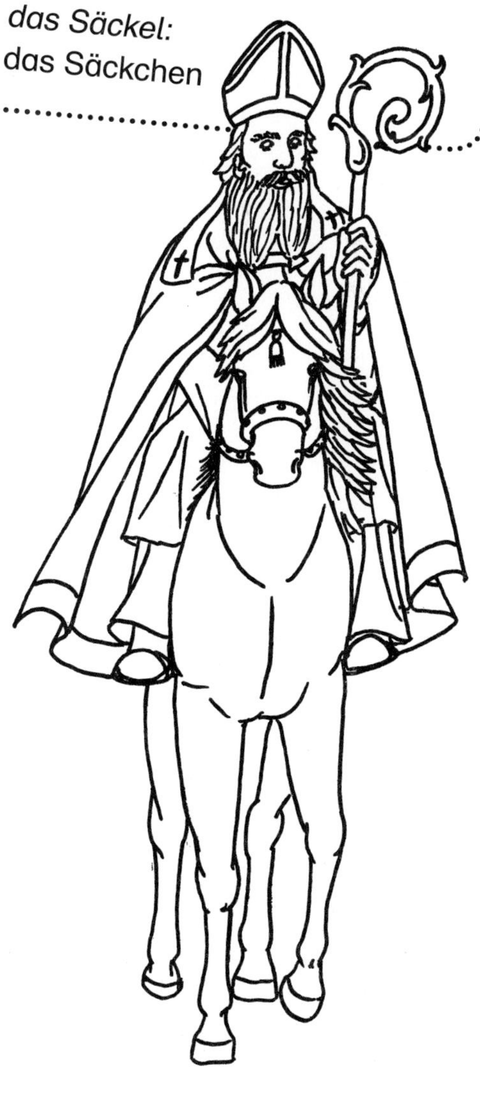

Bitten an den Nikolaus (2/2)

1. **Arbeitet zu zweit. Lest die Textteile. Hier sind zwei Gedichte durcheinandergeraten.**
   Versucht, herauszufinden, welche Teile zu welchem Gedicht gehören.
   Schreibt dazu 1 in die Kreise, die zum einen Gedicht gehören.
   Die Teile des anderen Gedichts nummeriert ihr mit 2.
   Alle Texte mit 1 ergeben nun von oben nach unten Gedicht 1, alle Texte mit 2 Gedicht 2.

2. **Einigt euch, wer Gedicht 1 und wer Gedicht 2 liest.**
   Es übt dann jeder für sich, seinen Text vorzulesen.

3. **Lest euch die Texte nun gegenseitig vor. Seid ihr sicher, dass ihr richtig sortiert habt? Oder kommt euch etwas komisch vor?**

4. Ein Gedicht ist ein alter Nikolausspruch. Kinder sagen ihn schon so lange auf, dass man nicht mehr weiß, wer ihn sich ausgedacht hat.
   Das andere heißt „Abendgebet“. Dieses Gedicht ist noch nicht so alt und wurde von Christine Nöstlinger geschrieben.

   Was meint ihr, welches Gedicht ist welches?
   Überlegt gemeinsam, und einigt euch.

   Wir glauben, „Abendgebet“ von Christine Nöstlinger ist Gedicht ◯.

   Wir glauben, der alte Nikolausspruch ist Gedicht ◯.

   Wir haben uns so entschieden, weil ____________________________

   ____

   ____

   ____

   ____

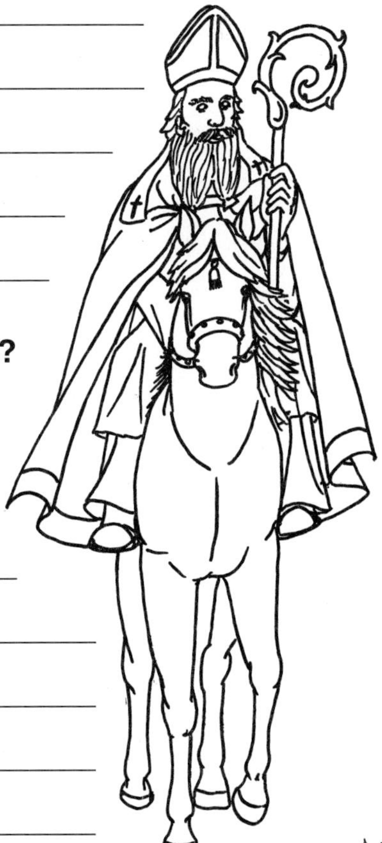

5. **Hast du auch ungewöhnliche Wünsche an den Nikolaus? Was wünschst du dir? Jeder von euch beantwortet die Frage für sich. Dann sprecht zu zweit darüber.**

   ____

   ____

   ____

   ____

   ____

   ____

Vorweihnachtstrubel

1. Grüner Kranz mit roten Kerzen,
Lichterglanz in allen Herzen,
Weihnachtslieder, Plätzchenduft,
Zimt und Sterne in der Luft.
Garten trägt sein Winterkleid,
wer hat noch für Kinder Zeit?

2. Leute packen, basteln, laufen,
grübeln, suchen, rennen, kaufen,

__________, __________, __________, __________,

__________, __________, __________, __________,

schreiben Briefe, Wünsche, Karten,
was sie auch von dir erwarten.

3. Doch wozu denn hetzen, eilen,
schöner ist es zu verweilen
und vor allem dran zu denken,
sich ein Päckchen „Zeit“ zu schenken.
Und bitte lasst noch etwas Raum
für das Christkind unterm Baum!

– © Ursel Scheffler

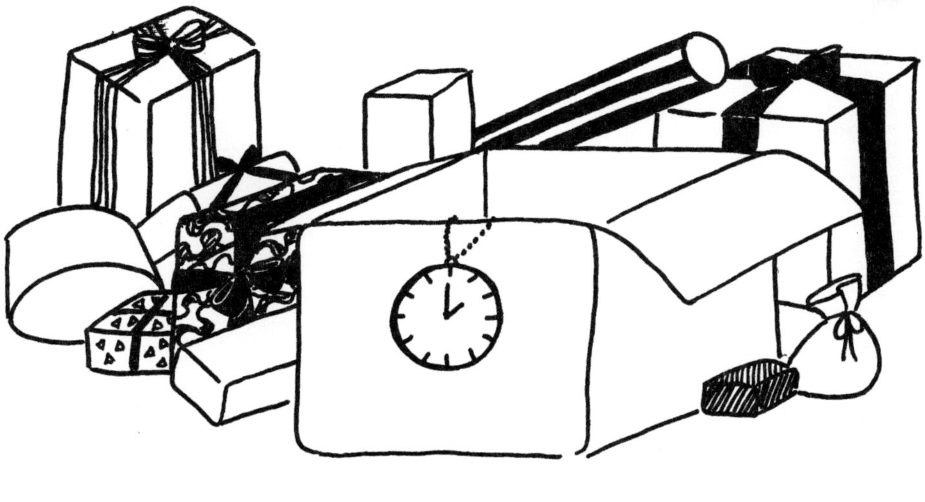

Viel zu tun vor Weihnachten (2/2)

1. Lies das Gedicht. Du kannst es sicher trotz der Lücken verstehen.

2. Jede Strophe könnte eine eigene Überschrift haben. Welche Überschrift passt am besten zu welcher Strophe? Schreibe die Nummer davor.

- ☐ Was wirklich wichtig ist
- ☐ Weihnachtsstimmung
- ☐ Weihnachtserledigungen

3. In dem Gedicht verstecken sich ein paar gute Ratschläge für die Weihnachtszeit. Kreuze mehrere passende Sätze an.

- ☐ Verschenke zu Weihnachten eine Uhr.
- ☐ Wichtig ist, sich Zeit füreinander zu nehmen.
- ☐ Lasst genug Platz unter dem Weihnachtsbaum, damit das Christkind dort die Geschenke hinlegen kann.
- ☐ Benutze im Advent einen Terminkalender, damit du nichts vergisst.
- ☐ Denke daran, dass es bei Weihnachten eigentlich um Jesus geht.

4. Überlege, was die Leute alles vor Weihnachten tun. Lege unten eine Wortsammlung an.

5. Jetzt kannst du das Gedicht füllen. Setze passende Verben (Tunwörter) in die Lücken auf Seite 1/2 ein. Die Zeilen sollen sich reimen.

Profi-Tipp

Lies die 2. Zeile der 2. Strophe ganz deutlich betont. Kannst du die Wörter für deine Zeilen so wählen, dass sie genauso betont werden?

Wörter-Hilfe

waschen, kochen, braten, naschen, raten, flüstern, rühren, verpacken, rätseln, backen, wispern, verstecken, wischen, putzen, tuscheln, kramen

Traumbescherung

Ich hab mir was ausgedacht,
Dass mir aber keiner ____________________!
Dieses Jahr zur Weihnachtszeit,
Da beschenk ich weit und ____________________
Alle Leut' – ihr glaubt es kaum?
Jeder kriegt von mir 'nen ____________________:
Raben, die Trompete blasen,
Bring ich mit, karierte Hasen,
Eine Fuhre Gummibärchen,
Dreizehn Flaschen voller ____________________,
Bäume, die spazierengehen,
Stunden, die ganz stille ____________________,
Hunde, die sich reiten lassen,
Frisch gebrat'nes Eis in Massen,
Schnelle Autos für die Kinder,
Einen Zauber-Wunsch-Zylinder,
Extra-Väter, nur zum ____________________,
Bälle, die von selber ____________________,
Eine Müllkippe zu Hause,
Und 'ne Limonadenbrause,
Betten, die im Dunkeln ____________________,
Masern, die wir niemals ____________________,
Sommerschnee auf Rodelwiesen,
Aufblasbare bunte Riesen,
Feuerchen, die knisternd brennen,
Mütter, die nicht schimpfen können [...].
Hier ist die Bescherung ____________________.
Sucht für euch das Beste ____________________!

– Gina Ruck-Pauquèt (gekürzt)

Ganz besondere Geschenke (2/2)

1. Lies das Gedicht. Vielleicht ist es wegen der Lücken etwas schwer zu verstehen.

2. In den Lücken fehlen Reimwörter. Du findest sie in den Sprechblasen. Setze sie in das Gedicht ein.

Profi-Tipp

Lies die Sprechblasen nicht.
Versuche selbst,
passende Reime zu finden.

Hilfe

Sprich dir bei den einzelnen Lücken immer das Wort aus der Zeile darüber vor. Suche dann das Reimwort in den Blasen. Wenn zwei Lücken hintereinander stehen, findest du beide Reimwörter in den Blasen.

kriegen

stehen

Traum

lacht

aus

fliegen

breit

zielen

Märchen

raus

Spielen

3. Lies das Gedicht jetzt noch einmal mit den Reimen.

4. Welchen Traum aus dem Gedicht würdest du am liebsten geschenkt bekommen? Suche dir eine der Zeilen aus, und male auf der Rückseite des Blattes ein Bild dazu.

5. Hast du eigene Ideen für eine Traumbescherung? Was würdest du für Träume verschenken?

____

____

Wo man Geschenke verstecken kann

Im Keller hinter Kartoffelkisten,
im Schreibtisch zwischen Computerlisten,
in alten verstaubten Bauerntruhen,
in ausgelatschten Wanderschuhen,
auf Wohnzimmerschränken, in Blumenvasen,
ja, selbst in Bäuchen von flauschigen Hasen,
in Einzelsocken, ohne Loch,
und eine Möglichkeit wäre noch,
das Geschenk unter die Matratze zu legen.
Das ist nicht so gut der Bequemlichkeit wegen.
Der Toilettenspülkasten eignet sich nicht,
denn welches Geschenk ist schon wasserdicht.
Ob sperrig, ob handlich, ob groß oder klein:
Geschenkeverstecken muss einfach sein.
Das einzig Schwierige daran ist,
dass man das Versteck so leicht vergisst.

– Regina Schwarz

Wohin mit den Geschenken? (2/2)

1. Wo würdest du diese Geschenke verstecken?
Finde für jeden Gegenstand mindestens einen passenden Ort aus dem Gedicht.

____

____

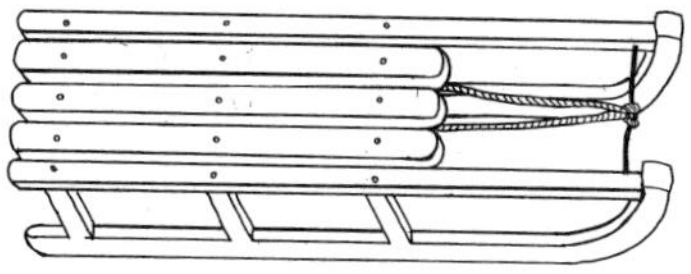
____

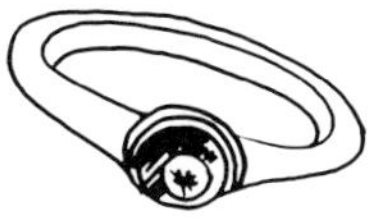
____

2. Findest du alle Reime? Markiere auf dem Gedichtblatt jedes Reimpaar mit einem anderen Zeichen.
Beispiel: Kartoffelkisten ■ Computerlisten ■

3. Sammle möglichst lustige oder ausgefallene Plätze, um Geschenke zu verstecken.

4. Schreibe nun ein eigenes Geschenke-Versteck-Gedicht in dein Heft oder auf ein Blatt.
Schreibe die Überschrift ab. Erfinde nun eigene Zeilen. Die Zeilen sollen sich reimen. Vielleicht kannst du die Plätze von Aufgabe 3 nehmen und dir dazu Reime ausdenken. Die letzten 4 Zeilen aus dem Gedicht von Regina Schwarz kannst du wieder abschreiben.

Profi-Tipp
Überlege dir zu jedem Ort auch Adjektive (Wiewörter). Finde auch Orte, an denen man besser keine Geschenke versteckt.

Wörter-Hilfe
Badewanne, Tiefkühltisch,
Thermoskanne, Gardine, Balkon,
Kleiderschrank, Waschmaschine,
Gartenbank, Küchentisch, Karton

Wer bringt die Geschenke? (1/2)

**Hier liest du unterschiedliche Verse,
die Kinder am 6. Dezember oder zu Weihnachten aufsagen.**

1

Nikolaus, du guter Mann,
du musst dich sicher plagen,
den schweren Sack zu tragen.
Darum, lieber Nikolaus,
packe ihn doch einfach aus.

– Traditionell

2

Ei du lieber, heil'ger Christ,
komm nur nicht, wenn's finster ist.
Komm im hellen Mondenschein,
wirf mir Nüss' und Äpfel rein!

– Traditionell aus Sachsen

3

Knecht Ruprecht, du trägst huckepack
auf deinem Rücken einen Sack.
Sag, sind darin auch Pfefferkuchen?
Die möchte ich schrecklich gern versuchen!

– Traditionell

4

Rupprecht, Rupprecht, guter Gast,
hast du mir was mitgebracht?
Hast du was, dann setz dich nieder,
hast du nichts, dann geh nur wieder.

– Traditionell

5

Sintaklaas, Sintaklaas,
setz die Segel, und bring mir was!
Deinen Weg verfehlst du nicht,
auf der Brücke brennt ein Licht.

– Traditionell aus Duisburg

6

Christkindlein, ich bitte dich:
Denk im Himmel auch an mich!
Teile deine Gaben aus,
bring mir recht viel Glück ins Haus!

– Traditionell

Wer bringt die Geschenke? (2/2)

1. Wer bringt in den einzelnen Gedichten die Geschenke?
Lies die Gedichte, und unterstreiche jeweils den Namen.

2. Es kommen sechs Namen vor. Es sind aber nicht sechs unterschiedliche Personen. Zeichne um die Gedichte, die von derselben Person handeln, den gleichen Rahmen.

3. Welche Aussagen sind richtig? Denke gut nach, und kreuze an.
Du kannst auch noch einmal nachlesen.

- [ ] Jeder Gabenbringer hat einen Sack dabei.
- [ ] In allen Gedichten redet jemand den Gabenbringer direkt an.
- [ ] Sintaklaas kommt mit dem Schiff.
- [ ] Christkindlein hat einen Esel dabei.
- [ ] In jedem Gedicht geht es um Geschenke.

4. Wer bringt bei euch die Geschenke am 6. Dezember oder zu Weihnachten?
Suche dir ein Datum und eine Person aus.

Datum: ________________ Gabenbringer: ____________________

5. Was erzählt man sich über diese Figur? Schreibe mehrere Dinge auf.

____

____

6. Schreibe einen eigenen Spruch für deinen Gabenbringer.
Er kann kurz sein, soll sich aber reimen.
Denke daran, den Gabenbringer direkt anzusprechen.

____

____

____

____

Profi-Tipp

Versuche, ein Gedicht mit vier Zeilen zu schreiben.

Reimwörter-Hilfe

Nikolaus – Haus – raus – aus
Weihnachtsmann – ran – dann – an
Christkind – geschwind – ich find'.

Was die Rose im Winter tut

Was tut wohl die Rose zur Winterszeit?
Sie träumt einen hellroten Traum.
Wenn der Schnee sie deckt um die Adventszeit,
Träumt sie vom Holunderbaum.
Wenn Silberfrost in den Zweigen klirrt,
Träumt sie vom Bienengesumm,
Vom blauen Falter, und wie er flirrt …
Ein Traum, und der Winter ist um!

– Mascha Kaléko (gekürzt)

Bearbeite jetzt erst Blatt 2/2.

Was ______________________________ im Winter tut

Was tut wohl ____ zur Winterszeit?

______ träumt einen ______________________________ Traum.

Wenn ____ um die Adventszeit,

Träumt _______ vom ____.

Wenn ____,

Träumt ____,

Vom ____.

Ein Traum, und der Winter ist um!

1. **Welche Zeilen handeln vom Winter?**
   Welche Zeilen handeln vom Traum der Rose?
   Unterstreiche mit unterschiedlichen Farben.

2. **Sammle in der Tabelle Winter-Wörter und Traum-Wörter aus dem Gedicht.**

Winter-Wörter	Traum-Wörter

3. **Gleich schreibst du ein eigenes Adventstraum-Gedicht.**
   Überlege dir zuerst, wer bei dir träumen soll.
   Beispiele: der Igel, du selbst, das Ruderboot, die Tulpenzwiebel ...

   Bei mir träumt: ______________________________

4. **Sammle nun besondere Gedicht-Wörter für dein eigenes Gedicht.**
   Achte darauf, dass sie gut zu deinem Wesen oder Ding passen.

	Winter-Wörter	Traum-Wörter
Nomen (Namenwörter)		
Verben (Tunwörter)		

5. **Nun kannst du das Gedicht auf Seite 1/2 unten vervollständigen.**
   Du kannst Wörter aus Aufgabe 4 oder neue Wörter verwenden.

Profi-Tipp

Versuche, das Gedicht mit Reimen zu schreiben.

Wörter-Hilfe

Winter-Wörter: Reif, Eisblumen, Dunkelheit, Sternenglanz, überfrieren, schlafen
Traum-Wörter: Sonnenlicht, Blütenbaum, zwitschern, Tauwasser, perlen, leuchten

Weihnachtslied

Vom Himmel in die ________________ Klüfte*
ein ________________ Stern herniederlacht;
vom Tannenwalde steigen Düfte
und hauchen durch die Winterlüfte,
und ________________ wird die Nacht.
Mir ist das Herz so ________________ erschrocken,
das ist die ________________ Weihnachtszeit!
Ich höre fernher Kirchenglocken
mich ________________ ________________ verlocken
in ________________ Herrlichkeit.
Ein ________________ Zauber hält mich wieder,
anbetend, staunend muss ich stehn.
Es sinkt auf meine Augenlider
ein ________________ Kindertraum hernieder –
ich fühl's, ein Wunder ist geschehn.

– Theodor Storm

***Schwierige Wörter**

- die Kluft:
  eine Schlucht, ein sehr enges Tal zwischen steilen Bergen

Besondere Gedicht-Wörter (2/2)

1. **Lies das Gedicht.** Vielleicht musst du es mehrmals lesen.

2. **Male hier Farben auf, die für dich gut zu dem Gedicht passen. Wähle zwei davon aus, und male den Rahmen um das Gedicht auf Seite 1/2 mit diesen Farben an.** Benutze Buntstifte.

3. **Welche Klänge passen für dich gut zu dem Gedicht? Sie müssen nicht im Text stehen. Schreibe hier zwei Klänge auf.** Wenn du möchtest, kannst du zum Gedicht passende Bilder malen.

______________________ ______________________

4. **Wie fühlt sich wohl die Person, die in diesem Gedicht spricht?** Du kannst mehrere Kreuze machen und dir auch selbst etwas ausdenken.

☐ verwundert	☐ traurig	☐ verlegen	☐ ________________
☐ ängstlich	☐ verzaubert	☐ enttäuscht	☐ ________________

5. **In dem Gedicht stehen viele Wörter und Ausdrücke, die man normalerweise nicht benutzt. Schreibe drei heraus, die du besonders schön oder seltsam findest.**

____

____

6. **Jetzt bist du dran! Finde besondere Gedichtwörter, die in die Lücken auf Seite 1/2 passen. Es sollen alles Adjektive (Wiewörter) sein.**

Profi-Tipp

Du kannst auch besondere Adjektive aus mehreren Wörtern zusammensetzen.

Zum Beispiel:
wunderhell, winterleise, traurigtief

Wörter-Hilfe

tief, lichterschön, kerzenhell, froh, golden, märchenstill, wunderhell, lieblich, scheu, freundlich, heimatlich, mild, schön, sanft, fromm, zauberduftend, steil, wunderbar

7. **Suche dir einen Partner. Vergleicht eure Farben, Klänge, Gefühle und Gedichtwörter.** Überlegt: Was habt ihr ähnlich gemacht, was unterschiedlich?

1

Morgen kommt der Weihnachtsmann

Morgen kommt der Weihnachtsmann,
kommt mit seinen Gaben.
Trommel, Pfeifen und Gewehr,
Fahn* und Säbel und noch mehr,
ja, ein ganzes Kriegesheer,
möcht ich gerne haben.

Bring uns, lieber Weihnachtsmann,
bring auch morgen, bringe
Musketier* und Grenadier*,
Zottelbär und Pantertier,
Ross* und Esel, Schaf und Stier,
lauter schöne Dinge.

Doch du weißt ja unsern Wunsch,
kennst ja unsre Herzen.
Kinder, Vater und Mama,
auch sogar der Großpapa,
alle, alle sind wir da,
warten dein* mit Schmerzen.

– August Heinrich Hoffmann von Fallersleben

***Schwierige Wörter**

- die Fahn: verkürztes Wort für Fahne
- der Musketier: Soldaten, die mit einer Muskete bewaffnet waren, mit einem altertümlichen Gewehr
- der Grenadier: eine bestimmte Art von Soldaten
- das Ross: ein altes Wort für Pferd
- warten dein: warten auf dich

2

Morgen kommt der Weihnachtsmann

Morgen kommt der Weihnachtsmann,
kommt mit seinen Gaben.
Bunte Lichter, Silberzier*,
Kind mit Krippe, Schaf und Stier,
Zottelbär und Pantertier
möcht' ich gerne haben.

Bring uns, lieber Weihnachtsmann,
bring auch morgen, bringe
eine schöne Eisenbahn,
Bauernhof mit Huhn und Hahn,
einen Pfefferkuchenmann,
lauter schöne Dinge.

Doch du weißt ja unsern Wunsch,
kennst ja unsre Herzen.
Kinder, Vater und Mama,
auch sogar der Großpapa,
alle, alle sind wir da,
warten dein* mit Schmerzen.

– Hilger Schallehn/August Heinrich Hoffmann von Fallersleben

***Schwierige Wörter**

- *die Silberzier:* silberne Dekorationen
- *warten dein:* warten auf dich

So verwandelt sich ein Gedicht (3/3)

1. Lies beide Gedichte genau durch. Kennst du eines der Gedichte, vielleicht auch als Lied? Kreuze an, und fülle aus.

☐ Nein, ich kenne keines der Gedichte.

☐ Ja, ich kenne eines der Gedichte, und zwar Gedicht Nummer _____.

2. Unterstreiche die Zeilen, die gleich sind, mit einem blauen Buntstift.

3. Was ist unterschiedlich? Unterstreiche die Zeilen mit einem roten Stift.

4. Ordne zu. Welches Spielzeug gehört zu welchem Gedicht? Schreibe die passenden Zahlen in die Kreise.

5. Das erste Gedicht hat sich August Heinrich Hoffmann von Fallersleben ausgedacht. Das zweite Gedicht hat Hilger Schallehn bearbeitet. Er hat das erste Gedicht umgeschrieben.
Warum hat er das Gedicht wohl umgeschrieben? Was meinst du?
Tipp: Schaue dir noch einmal die Zeilen an, die du rot markiert hast. Hier siehst du genau, was sich verändert hat.

____

____

____

6. Als das erste Gedicht geschrieben wurde, bekamen kleine Jungen oft Kriegsspielzeug zu Weihnachten. Heute finden es viele Eltern nicht mehr gut, wenn sich die Kinder Kampfspielzeug wünschen.
Hast du dir auch schon einmal etwas gewünscht, das deine Eltern nicht gut fanden? Was war das?

____

____

Katzenweihnacht

Glitzerfäden
fein zu fangen,
auch zu fressen?
weiß nicht recht,
mir wird schlecht.

Bunter Ball an Silberschnur
hängt am Baum,
bleibt er dort?
glaub ich kaum.

Kann er hüpfen?
kann er nicht,
rollt ein Stück
und zerbricht.

Kletterbaum mit grünen Nadeln,
Stern im Wipfel*
nickt noch sacht,
bin jetzt müde,
Stille Nacht.

– Edith Schreiber-Wicke

***Schwierige Wörter**

☆ der Wipfel:
die Spitze eines Baums

1. Die Katze hat tolles Spielzeug gefunden. Aber womit spielt sie eigentlich? Schreibe die Dinge auf.

Glitzerfäden → ______________________________

Bunter Ball an Silberschnur → ______________________________

Kletterbaum mit grünen Nadeln → ______________________________

2. Die Autorin hat der Katze eine eigene Sprache für ihre Gedanken gegeben. Sie sagt nur das Nötigste. **Versuche, die Texte von Menschensprache in Katzengedanken zu übersetzen – und umgekehrt. Die ersten beiden Abschnitte sind aus dem Gedicht, der letzte nicht.**

Menschensprache	Katzengedanken
Das sind aber schöne Glitzerfäden.	______________________
Die sind sicher fein zu fangen.	______________________
Aber sind sie auch gut zu fressen?	______________________
______________________	Kann er hüpfen?
______________________	kann er nicht,
______________________	rollt ein Stück.
______________________	und zerbricht.
An grünen Schnüren hängen Lichter,	______________________
so als ob Stern an Stern leuchtet.	______________________
Komm ich da wohl dran?	______________________
Das probier ich gern mal aus!	______________________

3. Überlege dir jetzt, was andere Tiere sich denken könnten, wenn sie Weihnachtsdinge der Menschen entdecken. Suche dir ein Tier und einen Gegenstand aus.

Tiere	
	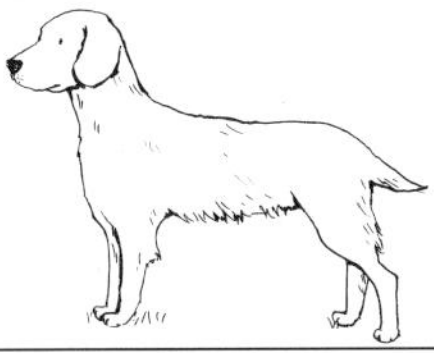

Weihnachtsdinge	
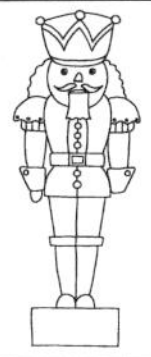	

4. Schreibe die Gedanken des Tiers erst einmal in Menschensprache auf.

____

____

____

____

5. Versuche jetzt, die Tiergedanken ganz kurz zu fassen. Male dann dein Tier unter die Sprechblase.

____

____

____

____

Hilfe

☆ Lasse die Artikel weg. Vielleicht kannst du Pronomen weglassen, zum Beispiel: ich, er, sie
Überlege immer, ob man deinen Text noch versteht.

Profi-Tipps

☆ Schreibe auf ein extra Blatt auch zu den anderen Tieren etwas. Schreibe zu deinem Tier ein längeres Gedicht auf einem extra Blatt.

Ein Gedicht vorlesen

Gut passt Gedicht 2, 15, 17 oder 22.

1. **Suche dir ein Gedicht aus.
   Lies es gut durch.**

2. **Überlege dir, ob du es alleine, mit einem oder mehreren Partnern zusammen lesen möchtest.**
   Ein Gedicht eignet sich für das Lesen mit anderen,
   - ✩ wenn mehrere Leute sprechen.
   - ✩ wenn Zeilen immer wieder auftauchen wie ein Refrain.
   - ✩ wenn man sich den Text gut aufteilen kann.

3. **Wenn ihr zu mehreren lest, überlegt euch, wer welche Zeilen liest.** Vielleicht gibt es auch Zeilen, die man mit mehreren Personen gemeinsam lesen kann.

4. **Egal, ob alleine oder zu mehreren: Jetzt heißt es üben! Sucht euch dazu einen Platz, an dem ihr niemanden stört.**
   Überlegt beim Üben auch:
   - ✩ Spreche ich laut genug?
   - ✩ Kann ich bestimmte Wörter besonders betonen?
   - ✩ Klingt das Gedicht interessant?
   - ✩ Möchte ich mir bestimmte Wörter markieren? Zum Beispiel Wörter, die ich besonders betonen möchte, oder schwierige Wörter.

5. **Tragt euer Gedicht einem Publikum vor.**

Ein Gedicht auswendig lernen

Gut passt Gedicht 6, 7, 12 oder 20.

1. **Suche dir ein Gedicht aus.
   Lies es gut durch.**

2. **Hast du alles verstanden? Wenn du Ausdrücke nicht verstehst, kläre sie.** Schlage dafür in einem Wörterbuch nach, oder frage um Rat.

3. **Lies jede Strophe einzeln. Schließe dann die Augen, und stelle dir vor, was du gelesen hast.**

4. **Nun kannst du ans Lernen gehen. So gehst du vor:**
   - ✩ Lies die erste Zeile, decke sie zu, und sage sie dir auswendig vor. Wenn das Gedicht gereimt ist, kannst du auch immer zwei Zeilen gleichzeitig lernen.
   - ✩ Mache so weiter bis zum Ende der ersten Strophe.
   - ✩ Dann sprich die ganze erste Strophe auswendig.
   - ✩ Wiederhole diese, bis du sie flüssig aufsagen kannst.
   - ✩ Nimm dir nun erst die nächste Strophe vor.

5. **Und wie behältst du das Gedicht für längere Zeit? Hier einige Tipps. Probiere aus, was für dich das Richtige ist:**
   - ✩ Stelle dir immer wieder die einzelnen Strophen vor.
   - ✩ Schreibe das Gedicht auf.
   - ✩ Sprich es beim Gehen.
   - ✩ Nimm es auf, und höre es dir immer wieder an.

6. **Übe nun noch, das Gedicht gut vorzutragen.**
   Achte auf Pausen, auf die Lautstärke und auf die Betonung.

Gedicht-Comic

Gut passt Gedicht 8, 10, 12 oder 19.

Du brauchst:
- ✩ Zeichenblätter in DIN-A4- oder DIN-A3-Größe
- ✩ Wasserfarben oder Stifte deiner Wahl

1. **Suche dir ein Gedicht aus. Lies es gut durch.**
2. **Schließe die Augen, und stelle dir Bilder zu dem Gedicht vor. Du sollst gleich zu jeder Strophe ein Bild gestalten wie ein Gedicht-Comic.**
3. **Wähle Papier und Malgerät aus.** Nimm ein DIN-A3-Blatt und Stifte. Teile das Blatt dann in so viele Kästchen, wie du Bilder malen möchtest. Oder nimm mehrere DIN-A4-Blätter – eins für jedes Bild – und Wasserfarben.
4. **Male deine Bilder für den Gedicht-Comic.**

Tipp: Du kannst das Gedicht auch dazuschreiben. Vielleicht malst du die Bilder auch um den Text herum.

Ein Bild zu einer Zeile

Gut passt Gedicht 20 oder 21.

Du brauchst:
- ✩ Zeichenblatt in DIN-A4-Größe
- ✩ Wasserfarben oder Stifte deiner Wahl
- ✩ eventuell Klebstoff, Schere, Glitzerklebstoff, Dinge zum Aufkleben

1. **Suche dir ein Gedicht aus. Lies es gut durch.**
2. **Wähle ein Wort, eine Zeile oder einen Satz aus dem Gedicht aus, zu dem du ein Bild malen möchtest.** Überlege gut, denn diese Stelle soll für dich besonders wichtig oder schön sein.
3. **Wähle dann ein Malgerät aus. Überlege auch hier, was gut zu dem Gedicht und zu der Stelle passt.**
   - ✩ Wasserfarben, Buntstifte, Wachsmaler?
   - ✩ Sollen die Farben zart oder leuchtend sein?
   - ✩ Welche Farbtöne eignen sich gut?

   Dann male dein Bild. Alles soll so gut zusammenpassen, dass jemand anders die Stelle aus dem Gedicht erraten könnte.
4. **Du kannst es noch weiter verschönern und zum Beispiel etwas aufkleben.**
5. **Wenn du möchtest, kannst du auch die Textstelle mit aufschreiben.**

Ein Schwarz-bunt-Bild malen

Gut passt Gedicht 1, 5, 9 oder 20.

Du brauchst:
- ✩ festes Papier, in DIN-A4- oder DIN-A5-Größe
- ✩ Wasserfarben, Pinsel, Wassergefäß
- ✩ Bleistift
- ✩ einen schwarzen Filzstift oder Permanentmarker

1. **Suche dir ein Gedicht aus. Lies es gut durch.**

2. **Überlege dir, welche Farben zu dem Gedicht passen. Entscheide dich für höchstens drei Farben. Male mit ihnen das Papier ganz voll. Male aber nur Muster und Farbverläufe.**

3. **Lasse das Papier gut trocknen. Arbeite währenddessen an einer anderen Aufgabe.**

4. **Nach dem Trocknen kannst du zunächst mit dem Bleistift, dann mit dem schwarzen Stift auf das Blatt malen. Male einen Gegenstand, einen Menschen oder ein Tier aus dem Gedicht auf das Blatt.**
   Male nur ein einziges Element!
   Überlege also gut, was du malen möchtest.

Gedicht-Laterne

Gut passt Gedicht 2, 4, 13 oder 18.

Du brauchst:
- ✩ Butterbrottüte aus Papier
- ✩ Teelicht, kleines Glas, in das das Teelicht hineinpasst
- ✩ Schere, Bunt- oder Wachsmalstifte, schwarzen Filzstift

1. **Suche dir ein Gedicht aus. Lies es gut durch.**

2. **Öffne die Papiertüte. Drücke den Boden vorsichtig flach, und stelle das Glas hinein. Schneide den oberen Rand der Tüte etwas über dem Glas ab.**

3. **Nimm das Glas heraus, und streiche die Tüte vorsichtig wieder glatt.**

4. **Schreibe nun dein Gedicht vorne und hinten auf die Tüte.**
   Wenn es zu lang ist, suche dir einige Zeilen aus.
   Lasse am unteren Rand der Tüte etwa 3 cm frei.
   Dort wird der Boden ja flachgedrückt.

5. **Überlege dir, welche Muster oder Bilder gut zum Gedicht passen. Male sie mit Wachsmalstiften oder mit Buntstiften vorne und hinten auf die Tüte.**
   Male auch über den Text, benutze dort aber nur helle Farben.
   Wenn du magst, bemale auch vorsichtig die Seiten.

6. **Nun kannst du Glas und Teelicht hineinstellen.**

Gedicht-Fensterbild

Gut passt Gedicht 7, 13 oder 16.

Du brauchst:
- ✩ Serviette, am besten mit Weihnachtsmotiv
- ✩ Laminierfolie und Laminiergerät
- ✩ Schere, weichen Bleistift oder hellen Filzstift, nicht abwischbaren Folienstift

1. **Suche dir ein Gedicht aus. Lies es gut durch.**
2. **Überlege dir eine einfache Form, die gut zu deinem Gedicht passt.**
   Beispiel: Stern, Christbaumkugel, Tannenbaum, Glocke
3. **Zeichne die Form groß mit Bleistift oder Filzstift auf die Rückseite der Serviette.**
4. **Schneide sie aus, und lege sie ganz glatt in eine Laminierfolie ein. Laminiere deine Form.**
   Lasse dir dabei von einem Erwachsenen helfen.
5. **Dann schneide die Form wieder aus.**
6. **Schreibe dein Gedicht auf einem Blatt vor, damit du siehst, wie du mit dem Platz auskommst. Wenn nicht alles auf die Form passt, suche dir eine Strophe aus.**
7. **Nun schreibe dein Gedicht mit Folienstift auf die Form, und hänge sie ins Fenster.** Achtung, du kannst nichts wegwischen!

Gedicht in der Streichholzschachtel

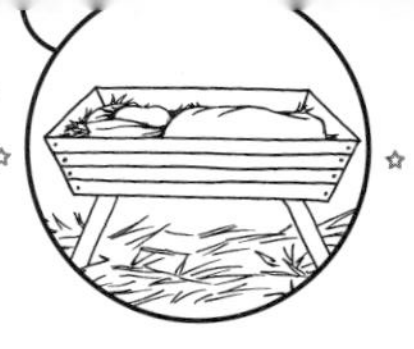

Gut passt Gedicht 3, 6 oder 19.

Du brauchst:
- ✩ Streichholzschachtel
- ✩ Papierstreifen, 4,5 cm breit und etwa 30 cm lang für eine normale Schachtel (5 cm x 3,5 cm x 1,5 cm)
- ✩ Buntstifte, Bleistift (gut gespitzt)
- ✩ Klebstoff, Schere

1. **Suche dir ein Gedicht aus. Lies es gut durch.**
2. **Nimm einen Papierstreifen, und schreibe dein Gedicht darauf.**
3. **Wenn du fertig bist, schneide den Rest des Streifens ab.**

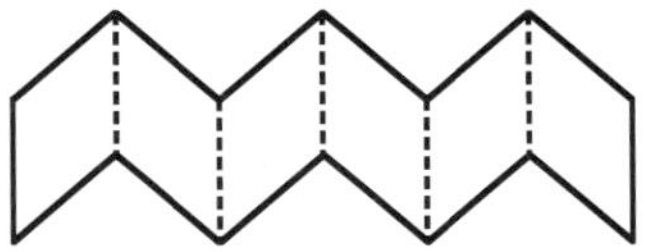

4. **Falte den Streifen im Zickzack so, dass er in die Streichholzschachtel passt.**
5. **Lege die äußere Hülle der Schachtel zum Abmessen auf ein Papier. Zeichne den Umriss der Schachtel nach.**
6. **Male in das Rechteck ein Bild, das zum Gedicht passt. Schneide es aus, und klebe es auf die Schachtel.**

Bild-Wort-Gedichte gestalten

Gut passt Gedicht 14 oder 16.

1. **Nimm Gedicht-Karte 14 oder 16 als Vorbild. Schaue sie dir gut an.**
   Die Wörter sind auf diesen Karten immer auch Bilder. Es sind Gedichte zum Anschauen.

2. **Denke dir selbst Bild-Wort-Gedichte aus. Du hast unterschiedliche Möglichkeiten:**
   - ✩ Schreibe einen normalen Gedichttext so, dass er eine bestimmte Form ergibt. Diese Form kann zum Gedicht passen oder absichtlich unpassend sein.
     Beispiel: Gedicht-Karte 16.
   - ✩ Die Buchstaben des Wortes formen das Wort selbst. Es ergibt sich ein Bild des Wortes.
     Beispiel: Gedicht-Karte 14, b) und d)
   - ✩ Gestalte in einem Wort einen Buchstaben als Bild. Nutze dazu die Form des Buchstabens.
     Beispiel: Gedicht-Karte 14, a)
   - ✩ Nimm die Buchstaben des Wortes auseinander. Benutze sie, als ob sie Striche wären, aus denen du dein Wort-Bild zusammensetzt. Aus den Buchstaben zeichnest du das Wort.
     Beispiel: Gedicht-Karte 14, c), e) und f)

Hier ein paar Vorschläge für Wörter:
Kerze, Päckchen, Nikolaus, Kranz, Ochse

Ein Akrostichon gestalten

Es passt Gedicht 11.

1. **Nimm Gedicht-Karte 11. Schaue sie dir gut an.**
   Diese Gedichte nennt man „Akrostichon". Dabei ergeben jeweils die ersten Buchstaben jeder Zeile von oben nach unten ein Wort. Das Wort hat etwas mit dem Gedicht zu tun.

2. **Denke dir selbst ein Akrostichon aus. Schreibe zuerst von oben nach unten ein Wort, das zu Weihnachten passt.**

3. **Schreibe dann die Zeilen dahinter. Du hast mehrere Möglichkeiten:**
   - ✩ Schreibe einzelne Wörter, jedes sollte zu deinem Ausgangswort passen. Schwerer wird es, wenn du nur Wörter einer Wortart nimmst, zum Beispiel nur Nomen.
     Beispiel: Gedicht-Karte 11, a)
   - ✩ Schreibe hinter jeden Buchstaben einen einzelnen Satz. Jeder Satz kann für sich stehen. Aber alle sollten zum Ausgangswort passen. Das ist die einfachste Möglichkeit.
   - ✩ Schreibe ein richtiges Gedicht mit einem zusammenhängenden Text und vielleicht sogar mit Reimen. Das ist die schwerste Möglichkeit.
     Beispiel: Gedicht-Karte 11, b)

Hier ein paar Vorschläge für Wörter:
Kerze, Krippe, Weihnachten, Tanne, Stern

© Verlag an der Ruhr | Autorin: Andrea Geffers | ISBN 978-3-8346-0694-5 | www.verlagruhr.de

Die große Weihnachtsgedichte-Werkstatt 29

Selbst ein kurzes Gedicht schreiben

Es passt Gedicht 13.

1. Lies dir Karte 13 gut durch.
Diese kurze Gedichtform kommt aus Japan und heißt Haiku.

2. Finde die Schreibregeln für ein Haiku heraus.

- ✩ Zähle zuerst die Zeilen in allen Gedichten.
  Notiere sie auf einem Blatt.
- ✩ Zähle dann in jedem Gedicht die Silben.
  Zähle jede Zeile einzeln. Notiere so:
  1. Zeile: ______ Silben
  2. Zeile: ______ Silben
  3. Zeile: ______ Silben
- ✩ Gibt es Reime?
- ✩ Das Gedicht hat etwas mit einer Jahreszeit zu tun.

3. Schreibe nun selbst ein Weihnachts-Haiku.

- ✩ Überlege dir ein Erlebnis oder ein Gefühl,
  das du mit Weihnachten verbindest.
- ✩ Überlege: Was ist das Wichtigste daran?
  Mit welchen Worten kann ich es ausdrücken?
- ✩ Findest du noch genauere oder schönere Wörter?
- ✩ Versuche, es nun in die richtige Silben-Form zu bringen.
- ✩ Du kannst eine Überschrift dazu schreiben.

4. Schreibe dein fertiges Gedicht schön auf.
Welches Papier, welche Schrift, welche Farben passen gut dazu? Möchtest du etwas dazu malen?

© Verlag an der Ruhr | Autorin: Andrea Geffers | ISBN 978-3-8346-0694-5 | www.verlagruhr.de

Ein Gedicht mit Schrift gestalten

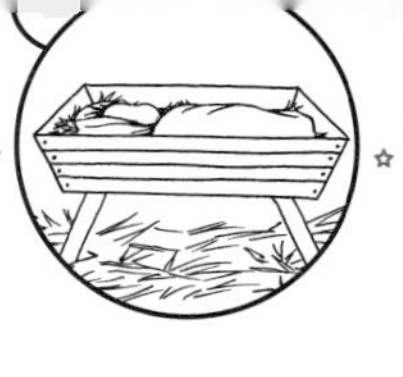

Gut passt Gedicht 9, 15 oder 22.

1. Suche dir ein Gedicht aus.
Lies es gut durch.

2. Du sollst gleich das Gedicht abschreiben und eine passende Schrift dafür finden. Überlege zuerst nur: Wie kannst du das Gedicht mit deiner Schrift darstellen?

- ✩ Du kannst mit Farben arbeiten.
- ✩ Du kannst einzelne Wörter besonders hervorheben.

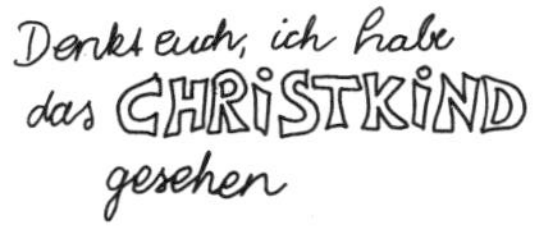

- ✩ Du kannst Wörter so schreiben, dass es zu ihrer Bedeutung passt.

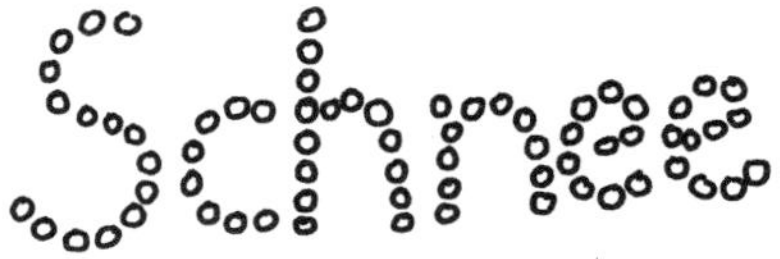

- ✩ Du kannst dem Text eine bestimmte Form geben.

3. Probiere auf einem extra Blatt erst einmal aus.

4. Schreibe dann dein Gedicht schön auf.
Achte auf die Rechtschreibung.

© Verlag an der Ruhr | Autorin: Andrea Geffers | ISBN 978-3-8346-0694-5 | www.verlagruhr.de

Ein Gedicht mit dem Computer gestalten

Gut passt Gedicht 4, 10 oder 17.

Du brauchst:
- ✩ Computer mit Textverarbeitungs-Programm
- ✩ Drucker

1. **Suche dir ein Gedicht aus. Lies es gut durch.**

2. **Starte das Textverarbeitungs-Programm im Computer, und schreibe das Gedicht ab.**
   Prüfe, ob du alles richtig geschrieben hast.

3. **Nun kannst du das Gedicht gestalten. Markiere die Stellen, die du ändern willst.**
   Denke besonders an diese Möglichkeiten:
   - ✩ die Schriftgröße ändern [12 ▽]
   - ✩ eine andere Schriftart wählen [Arial ▽]
   - ✩ fett schreiben oder unterstreichen [F] [U]
   - ✩ die Schriftfarbe ändern [A ▽]

   Deine Änderungen sollen zu dem Gedicht passen.
   Probiere Unterschiedliches aus.

4. **Speichere dein Gedicht mit einem passenden Namen. Drucke es aus.**

Klänge zu einem Gedicht finden

Gut passt Gedicht 2, 3 oder 12.

Du brauchst:
- ✩ einen oder mehrere Partner
- ✩ Orff-Instrumente
- ✩ andere Dinge, mit denen ihr Klänge erzeugen könnt: Glöckchen, Becher, Stifte, Papier, Flaschen und was euch noch einfällt
- ✩ Bleistift

1. **Sucht euch ein Gedicht aus, zu dem ihr arbeiten möchtet. Lest es gut durch.**

2. **Überlegt gemeinsam: Welche Stellen aus dem Gedicht können wir gut mit Klängen darstellen? Markiert sie.**
   Das müssen nicht unbedingt Geräusche sein. Vielleicht findet ihr ja auch Klänge für ein Glitzern oder für Schnee.

3. **Sucht euch einen Platz, wo ihr niemanden stört. Probiert aus, wie ihr die Klänge gut darstellen könnt.**
   Vielleicht braucht ihr noch andere Dinge für eure Klänge.

4. **Einer ist nun der Vorleser, die anderen die Musiker. Übt, das Gedicht vorzutragen – mit den Klängen an den passenden Stellen.**

5. **Tragt euer Gedicht einem Publikum vor.**

Idee: Überlegt euch eine Melodie zum Gedicht.

© Verlag an der Ruhr | Autorin: Andrea Geffers | ISBN 978-3-8346-0694-5 | www.verlagruhr.de

Eigene Zeilen zu einem Gedicht schreiben

Gut passt Gedicht 10 oder 21.

1. **Suche dir ein Gedicht aus.
   Lies es gut durch.**

2. **In dem Gedicht findest du Stellen, die immer wiederkommen. Was findest du, das immer gleich ist? Achte auf diese Punkte:**
   - ✩ Gibt es Verse oder Zeilen, die wie ein Refrain immer wieder auftauchen?
   - ✩ Wenn ja, was steht zwischen diesen Zeilen?
   - ✩ Gibt es ein Thema, zu dem immer wieder etwas gesagt wird, auch wenn das nicht immer genau der gleiche Text ist?
   - ✩ Gibt es Reime?

3. **Überlege dir nun selbst eigene Zeilen zu dem Gedicht. Das kann eine Zeile sein, eine Strophe oder gleich ein ganzes Gedicht. Was fällt dir zu dem Thema ein?**

4. **Wichtig beim Aufschreiben ist, dass der Aufbau zu dem Originalgedicht passt.**
   Tipp: Schreibe erst einmal das hin, das immer gleich ist, und ergänze dann die anderen Teile mit deinen eigenen Ideen.

5. **Lies das Gedicht einem Publikum vor.
   Füge dabei deine eigenen Zeilen ein.**

© Verlag an der Ruhr | Autorin: Andrea Geffers | ISBN 978-3-8346-0694-5 | www.verlagruhr.de

Mehr über das Gedicht herausfinden

Gut passt Gedicht 1, 5, 6, 7 oder 18.

Du brauchst:
- ✩ Computer mit Internetzugang
- ✩ Papier und Stifte

1. **Suche dir ein Gedicht aus.
   Lies den Text gut durch.**

2. **Finde mehr über den Tag, den Brauch oder die Person heraus, um den oder um die es im Gedicht geht.**
   - ✩ Schalte den Computer ein, und gehe ins Internet.
   - ✩ Gib in einer Suchmaschine für Kinder einen oder mehrere Begriffe aus dem Gedicht ein, zu denen du etwas wissen möchtest.
   - ✩ Diese Suchmaschinen eignen sich gut: *www.blinde-kuh.de*, *www.milkmoon.de*, *www.fragfinn.de*, *www.helles-koepfchen.de*
   - ✩ Schaue dir die Trefferliste an. Wo findest du am ehesten die Informationen, die du suchst? Lies diesen Eintrag zuerst.

3. **Schreibe die Ergebnisse deiner Nachforschungen auf.**
   - ✩ Schreibe nur die wichtigsten Dinge heraus, zum Beispiel: Wer war diese Person?
   - ✩ Stelle deine Ergebnisse in der Vorstellrunde vor.
   - ✩ Du kannst auch ein kleines Lernplakat für die anderen Kinder gestalten. Vielleicht kannst du dazu Bilder ausdrucken.

© Verlag an der Ruhr | Autorin: Andrea Geffers | ISBN 978-3-8346-0694-5 | www.verlagruhr.de

Am 4. Dezember

Zu diesem Gedicht passen die Aufgabenkarten B, E, P.

Geh in den Garten
am Barbaratag.
Geh zum kahlen
Kirschbaum und sag:

Kurz ist der Tag,
grau ist die Zeit.
Der Winter beginnt,
der Frühling ist weit.

Doch in drei Wochen
da wird es geschehn:
Wir feiern ein Fest,
wie der Frühling so schön.

Baum, einen Zweig
gib du mir von dir.
Ist er auch kahl,
ich nehm ihn mit mir.

Und er wird blühen
in seliger Pracht
mitten im Winter
in der heiligen Nacht.

– Josef Guggenmos

Der Bratapfel

Zu diesem Gedicht passen die Aufgabenkarten A, F, N.

Kinder, kommt und ratet,
was im Ofen bratet!
Hört, wie's knallt und zischt.
Bald wird er aufgetischt,
der Zipfel, der Zapfel,
der Kipfel, der Kapfel,
der gelbrote Apfel.

Kinder, lauft schneller,
holt einen Teller,
holt eine Gabel!
Sperrt auf den Schnabel
für den Zipfel, den Zapfel,
den Kipfel, den Kapfel,
den goldbraunen Apfel!

Sie pusten und prusten,
sie gucken und schlucken,
sie schnalzen und schmecken,
sie lecken und schlecken
den Zipfel, den Zapfel,
den Kipfel, den Kapfel,
den knusprigen Apfel.

– Fritz und Emily Koegel

Der Nussknacker

Zu diesem Gedicht passen die Aufgabenkarten A, H, N.

Wer knackt die Nuss?
Nicht der Fritz, nicht der Franz.
Wer kriegt sie entzwei?
Der Nussknacker kann's!

Gut, dass wir ihn haben,
den hölzernen Herrn.
Er zerbeißt die Schale
und schenkt uns den Kern.

– Josef Guggenmos

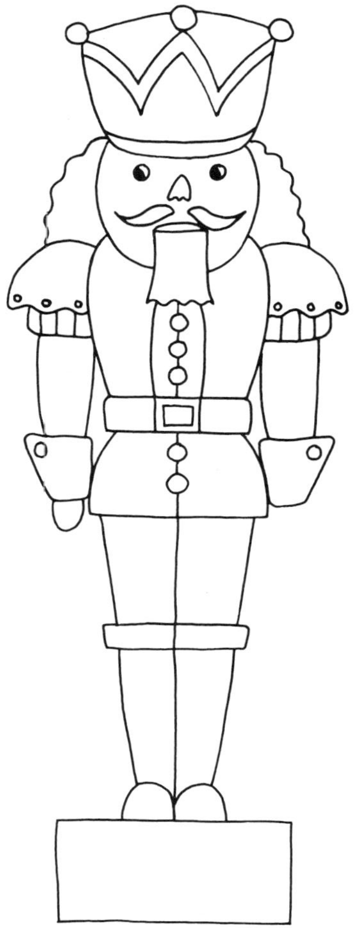

Adventslicht

Zu diesem Gedicht passen die Aufgabenkarten A, E, M.

Am Kranz brennt eine Kerze.
Ein Funkeln im Advent
sagt dir, dass Winters Dunkel
nun doch ein Ende kennt.

Am Kranz brennen zwei Kerzen –
ein Lichtschein im Advent.
Nun duftet's warm nach Plätzchen,
nach Nelken* und Piment*.

Am Kranz brennen drei Kerzen –
ein Leuchten im Advent.
Lasst Stille ein, dass jeder
das Wichtige erkennt.

Am Kranz brennen vier Kerzen –
ein Strahlen im Advent.
Durchs Dunkel kommt ein Licht,
das wärmt, doch nicht verbrennt.

– Andrea Geffers

***Schwierige Wörter**

✩ *die Nelke, der Piment:* Gewürze, die man für Weihnachtsgebäck verwendet

Vom Christkind

Zu diesem Gedicht passen die Aufgabenkarten E, H, P.

Denkt euch – ich habe das Christkind geseh'n!
Es kam aus dem Walde, das Mützchen voll Schnee,
mit rotgefrorenem Näschen.
Die kleinen Hände taten ihm weh,
denn es trug einen Sack, der war gar schwer,
schleppte und polterte hinter ihm her.
Was drin war, möchtet ihr wissen?
Ihr Naseweise, ihr Schelmenpack* –
meint ihr, er wäre offen, der Sack?
Zugebunden bis oben hin!
Doch war gewiss was Schönes drin:
Es roch so nach Äpfeln und Nüssen!

– Anna Ritter

***Schwierige Wörter**

☆ *das Schelmenpack:*
Ein Schelm ist jemand,
der Unsinn macht,
ein Pack eine Gruppe
von Leuten.

Knecht Ruprecht

Zu diesem Gedicht passen die Aufgabenkarten B, N, P.

Draußen weht es bitterkalt,
wer kommt da durch den Winterwald?
Stipp-stapp, stipp-stapp und huckepack.
Knecht Ruprecht ist's mit seinem Sack.

Was ist denn in dem Sacke drin?
Äpfel, Mandel' und Rosin'
und schöne Zuckerrosen,
auch Pfeffernüss'* für gute Kind' –
die andern, die nicht artig sind,
die klopft er auf die Hosen.

– Martin Boelitz

***Schwierige Wörter**

☆ *die Pfeffernuss:*
ein Weihnachtsgebäck, ähnlich
wie kleine, runde Lebkuchen

Der schönste Baum

Zu diesem Gedicht passen die Aufgabenkarten B, F, G, P.

Ich kenne ein Bäumchen gar fein und zart,
das trägt euch Früchte seltener Art.

Es funkelt und leuchtet mit hellem Schein
weit in des Winters Nacht hinein.

Das sehen die Kinder und freuen sich sehr
und pflücken vom Bäumchen –
und pflücken es leer!

– Traditionell

Weihnachtsfeiertag

Zu diesem Gedicht passen die Aufgabenkarten A, C, L.

Mami schläft auf unserm Sofa
und niemand darf sie stören.
Deswegen kann ich jetzt auch nicht
Hänsel und Gretel hören.

Vati ordnet seine Dias*
und hat zum Spielen keine Zeit.
Schlitten fahren darf ich nicht,
weil es draußen stürmt und schneit.

Wenn Mami ausgeschlafen hat,
fahrn wir zur Tante Vroni.
Dabei wäre ich viel lieber
bei meiner Freundin Moni.

Und kommen wir dann spät nach Haus,
muss ich bestimmt gleich schlafen gehn.
So ein doofer Feiertag
ist für mich kein bisschen schön.

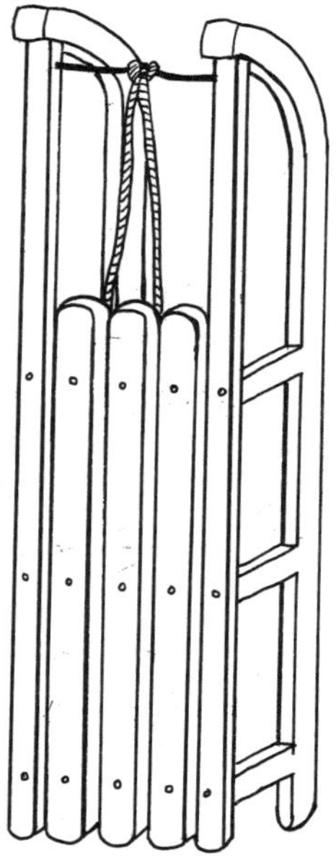

– Manfred Mai

***Schwierige Wörter**

☆ *das Dia:*
ein fotografiertes Bild auf
einer kleinen Folie, das man
mit einem Projektor groß
auf einer Leinwand zeigen kann

Heiße Liebe

Zu diesem Gedicht passen die Aufgabenkarten B, D, E.

Einen Schokoladenengel
hat Anna in ihr Herz geschlossen.
Sie nahm ihn heimlich mit ins Bett,
dort ist der Engel dann zerflossen.

In dieser Nacht, da träumte sie
von einem Land aus Schokolade.
Als sie aus dem Traum erwachte,
sagte Anna laut: „Ach sch...ade!“

– Manfred Mai

Wo wohnt wohl der Weihnachtsmann?

Zu diesem Gedicht passen die Aufgabenkarten A, C, M, O.

Wo und wie und was und wann,
wo wohnt wohl der Weihnachtsmann?
In den Wolken ganz weit weg
sitzt er froh und munter,
sitzt er da mit Sack und Pack
und fällt niemals runter.

Wo und wie und was und wann,
wo wohnt wohl der Weihnachtsmann?
Wohnt er tief im Tannenwald,
wo der Mond verschwindet,
und er lacht in seinen Bart,
weil ihn niemand findet. […]

Wo und wie und was und wann,
wo wohnt wohl der Weihnachtsmann?
Oder aber liegt er froh
einen Sommer lang
irgendwo in Spanien
braungebrannt am Strand?

Wo und wie und was und wann,
wo wohnt wohl der Weihnachtsmann?
Ganz egal, er wohnt weit weg.
Und wie wunderbar,
dass er’s dies Jahr wieder schafft
und ist einfach da.

Wo und wie und was und wann,
da kommt schon der Weihnachtsmann!

– Fredrik Vahle (gekürzt)

Akrostichen

Zu diesen Gedichten passen die Aufgabenkarten D, H, J.

a) Ankunft
Dunkelheit
Vorfreude
Erwartung
Nikolaustag
Tannenduft

b) Wenn die letzten Blätter fallen,
Eine schöne Zeit beginnt.
In der Schule Lieder schallen,
Heimlich bastelt jedes Kind.
Neue Klänge aus den Klassen.
Adventstürchen öffnen sich,
Chöre proben – kaum zu fassen!
Hell erglänzt das Kerzenlicht.
Toll, Besuch vom Weihnachtsmann!
Eine Weihnachtsfeier – dann
Naht das Weihnachtsfest heran.

Christkind im Walde

Zu diesem Gedicht passen die Aufgabenkarten B, C, H, N.

Christkind kam in den Winterwald,
der Schnee war weiß, der Schnee war kalt.
Doch als das heil'ge Kind erschien,
fing's an, im Winterwald zu blühn.

Christkindlein trat zum Apfelbaum,
erweckt ihn aus dem Wintertraum.
„Schenk Äpfel süß, schenk Äpfel zart,
schenk Äpfel mir von aller Art!"

Der Apfelbaum, er rüttelt sich,
der Apfelbaum, er schüttelt sich.
Da regnet's Äpfel ringsumher;
Christkindleins Taschen wurden schwer.

Die süßen Früchte alle nahm's,
und so zu den Menschen kam's.
Nun, holde* Mäulchen, kommt, verzehrt*,
was euch Christkindlein hat beschert!

– Ernst von Wildenbruch

***Schwierige Wörter**

☆ *hold:* bedeutet hier lieb
☆ *verzehren:* essen, verspeisen

© Verlag an der Ruhr | Autorin: Andrea Geffers | ISBN 978-3-8346-0694-5 | www.verlagruhr.de

Die große Weihnachtsgedichte-Werkstatt 38

Zu diesen Gedichten passen die Aufgabenkarten F, G, K.

Das leise Gedicht
Halt ein, werde still
Nimm dir Zeit und Raum für dich
zünde an dein Licht

– moona

Wärme
Die Tage sind kalt.
Das ist gut. Jetzt spüren wir
die wahre Wärme.

– Don Quixote

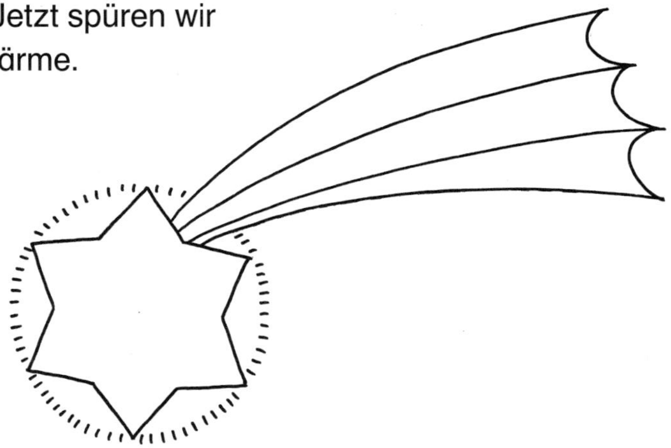

Weihnachtsstern
Wenigen sichtbar
leuchtet der Stern, der allen
den Frieden verspricht.

– Don Quixote

Zu diesen Gedichten passen die Aufgabenkarten F, G, I.

a) 

b) 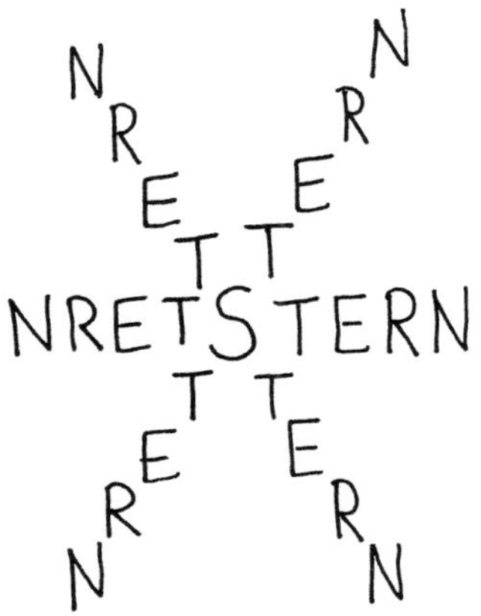

c) 

d)
F
LA
MM
E
WACHS
WACHS
WACHS
WACHS
WACHS
WACHS

e) 

f) 

Weihnachten

Zu diesem Gedicht passen die Aufgabenkarten A, L, O.

Was würdest du machen, wenn Weihnachten wär'
und kein Engel würde singen?
Es gäbe keine Geschenke mehr,
kein „Süßer die Glocken nie klingen".
Im Fernsehen hätte der Nachrichtensprecher
Weihnachten ganz vergessen.
Und niemand auf der ganzen Welt
würde Nürnberger Lebkuchen essen.
Die Nacht wäre kalt.
Dicke Schneeflocken fielen,
als hätt' sie der Himmel verloren.
Und irgendwo in Afghanistan
würde ein Kind geboren.
In einem Stall, stell es dir vor!
Die Eltern haben kein Haus.
Was glaubst du, wie ginge wohl dieses Mal
eine solche Geschichte aus?

– Jutta Richter

Ans Christkind

Zu diesem Gedicht passen die Aufgabenkarten H, I, M.

Ans
Christkind:
Meine Eltern sind
seit Wochen zerstritten,
also möchte ich dich bitten,
heuer* die Geschenke sein zu lassen.
Mach lieber, dass die zwei sich nimmer* hassen
und sich am Heiligen Abend zur Versöhnung küssen
und die Nachbarn nicht wieder die Polizei rufen müssen.
Deine
kleine
Brigitte.
Wohnhaft*: Wien-Mitte

– Christine Nöstlinger

***Schwierige Wörter**

- *heuer:* dieses Jahr
- *nimmer:* nicht mehr
- *Wohnhaft:* ein Adjektiv, bedeutet „wohnt in"

© Verlag an der Ruhr | Autorin: Andrea Geffers | ISBN 978-3-8346-0694-5 | www.verlagruhr.de

Weihnachten in der Schule

Zu diesem Gedicht passen die Aufgabenkarten A, L, M.

Hört mal zu!
Auch Du!
Wenn das Jahr zu Ende geht
wird es abends früher spät
alle tragen feste Schuhe
Ruhe!
Weißer Schnee füllt bald die Straßen
Markt und alles ist verlassen
will
Karlchen, sei doch still!
Willig kommt der Weihnachtsmann
hat ein rotes Röckchen an
hell wird jedes Licht
Peter, red jetzt nicht!
Und ein großer Kerzenschein
wollt Ihr endlich ruhig sein!
Hüpfet über Stock und Stein –
Karlchen, Dich sperr ich jetzt ein!
Und zu unsern Lieben
kommt aus Heu und Stroh
Ruhe endlich! Wo
bin ich steh'n geblieben?

– F. W. Bernstein

Knecht Ruprecht (1/2)

Zu diesem Gedicht passen die Aufgabenkarten A, F, G, P.

Habt guten Abend, alt und jung,
bin allen wohl bekannt genung.

Von drauß' vom Walde komm ich her;
Ich muss euch sagen, es weihnachtet sehr!
Allüberall auf den Tannenspitzen
Sah ich goldene Lichtlein sitzen;
Und droben aus dem Himmelstor
Sah mit großen Augen das Christkind hervor;
Und wie ich so strolcht'* durch den finstern Tann*,
Da rief's mich mit heller Stimme an:
„Knecht Ruprecht", rief es, „alter Gesell,
Hebe die Beine und spute* dich schnell!
Die Kerzen fangen zu brennen an,
Das Himmelstor ist aufgetan,
Alt' und Junge sollen nun
Von der Jagd des Lebens einmal ruhn;
Und morgen flieg ich hinab zur Erden,
Denn es soll wieder Weihnachten werden!
So geh denn rasch von Haus zu Haus,
Such mir die guten Kinder aus,
Damit ich ihrer mag gedenken*,
mit schönen Sachen sie mag beschenken."
Ich sprach: „O lieber Herre Christ,
Meine Reise fast zu Ende ist;
Ich soll nur noch in diese Stadt,
Wo's eitel* gute Kinder hat."

– „Hast denn das Säcklein auch bei dir?“
Ich sprach: „Das Säcklein, das ist hier:
Denn Äpfel, Nuss und Mandelkern
Essen fromme Kinder gern.“
– „Hast denn die Rute auch bei dir?“
Ich sprach: „Die Rute, die ist hier;
Doch für die Kinder nur, die schlechten,
Die trifft sie auf den Teil, den rechten.“
Christkindlein sprach: „So ist es recht;
So geh mit Gott, mein treuer Knecht!“

Von drauß’ vom Walde komm ich her;
Ich muss euch sagen, es weihnachtet sehr!
Nun sprecht, wie ich’s hierinnen find!
Sind’s gute Kind, sind’s böse Kind?

– Theodor Storm (gekürzt)

***Schwierige Wörter**

- *strolchen:* wandern, umhergehen
- *der Tann:* der Nadelwald
- *sich sputen:* sich beeilen
- *ich mag ihrer gedenken:* ich kann an sie denken
- *eitel gute Kinder:* nur gute Kinder

Zu diesem Gedicht passen die Aufgabenkarten B, C, H.

So ward der Herr Jesus geboren
Im Stall bei der kalten Nacht.
Die Armen, die haben gefroren,
Den Reichen war’s warm gemacht.

Sein Vater ist Schreiner gewesen,
Die Mutter war eine Magd.
Sie haben kein Geld nicht besessen,
Sie haben sich wohl geplagt.

Kein Wirt hat ins Haus sie genommen;
Sie waren von Herzen froh,
Dass sie noch in Stall sind gekommen.
Sie legten das Kind auf Stroh.

Die Engel, die haben gesungen,
Dass wohl ein Wunder geschehn.
Da kamen die Hirten gesprungen
Und haben es angesehn.

Die Hirten, die will es erbarmen,
wie elend das Kindlein sei.
Es ist eine G’schicht’ für die Armen,
kein Reicher war nicht dabei.

– Ludwig Thoma

© Verlag an der Ruhr I Autorin: Andrea Geffers I ISBN 978-3-8346-0694-5 I www.verlagruhr.de

Geboren ist das Kind zur Nacht

Zu diesem Gedicht passen die Aufgabenkarten B, D, E, H.

Geboren ist das Kind zur Nacht
für dich und mich und alle,
drum haben wir uns aufgemacht
nach Bethlehem zum Stalle.

Sei ohne Furcht, der Stern geht mit,
der Königsstern der Güte,
dem darfst du trauen, Schritt für Schritt,
dass er dich wohl behüte.

Und frage nicht und rate nicht,
was du dem Kind sollst schenken.
Mach nur dein Herz ein wenig licht,
ein wenig gut dein Denken,

mach deinen Stolz ein wenig klein,
und fröhlich mach dein Hoffen –
so trittst du mit den Hirten ein,
und sieh: die Tür steht offen.

– Ursula Wölfel

Wann fängt Weihnachten an?

Zu diesem Gedicht passen die Aufgabenkarten D, E, O.

Wenn der Schwache
dem Starken die Schwäche vergibt,
wenn der Starke
die Kräfte des Schwachen liebt,
wenn der Habewas
mit dem Habenichts teilt,
wenn der Laute
bei dem Stummen verweilt
und begreift,
was der Stumme ihm sagen will,
wenn das Leise
laut wird
und das Laute
still,
wenn das Bedeutungsvolle
bedeutungslos,
das scheinbar Unwichtige
wichtig und groß,
wenn mitten im Dunkel
ein winziges Licht
Geborgenheit,
helles Leben verspricht,
und du zögerst nicht,
sondern du gehst
so wie du bist
darauf zu,
dann, ja, dann
fängt Weihnachten an.

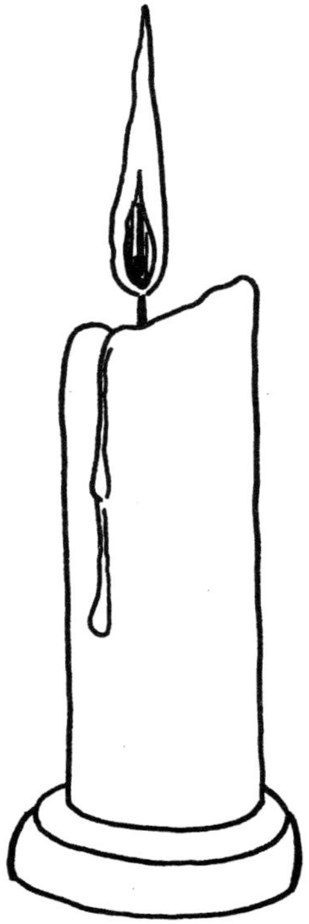

– Rolf Krenzer

Drei Könige ziehen vorbei

Zu diesem Gedicht passen die Aufgabenkarten A, D, E, L.

Drei Könige kommen durchs Heilige Land,
der erste getragen, der zweite geritten,
der dritte gelaufen mit eiligen Schritten.
Wohin sie ziehen, ist nicht bekannt.

Drei Könige folgen dem riesigen Stern.
Der erste spricht nicht. Der zweite will schweigen.
Der dritte mag seine Gedanken nicht zeigen.
Doch sind sie stumm, so sind sie es gern.

Drei Könige bringen Geschenke mit.
Der erste bringt Weihrauch*, der zweite Myrrhe*,
der dritte goldene Ketten und Schnüre.
Und tragen sie schwer, so tun sie's zu dritt.

Drei Könige kommen und fragen nicht viel.
Sie ziehen vorbei und zieh'n in die Ferne,
vertrauen auf Gott und den Lauf seiner Sterne.
Und eines Tages sind sie am Ziel.

– Ingrid Uebe

***Schwierige Wörter**

- der Weihrauch: ein Stoff, der auf glühender Kohle duftenden Rauch abgibt. Er wird in der Kirche verwendet.
- die Myrrhe: wurde auch zum Räuchern verwendet, wichtige Personen wurden damit gesalbt

Finde dein eigenes Gedicht

1. Es gibt noch viele weitere schöne Weihnachtsgedichte.
Mache dich doch selbst auf die Suche in einem Weihnachtsbuch oder im Internet.

Im Internet helfen dir folgende Adressen:

- *http://www.medienwerkstatt-online.de/lws_wissen/*
  Klicke dann auf „Jahreszeiten", danach links auf „Feste, Feiern, Freizeit", dann auf „Advent und Weihnachten" und auf „Klassische Gedichte". Du findest nun rechts eine Auswahl von Überschriften. Wenn du sie anklickst, kommt der Gedichttext.
- *http://www.labbe.de/zzzebra/index.asp?themaid=630*
  Auf der rechten Seite kannst du weitere Gedichtüberschriften anklicken.
- *http://www.weihnachtsgedicht.de*
  In der linken Spalte findest du Weihnachtsthemen. Wenn du hier etwas anklickst, erscheinen in der Mitte die Überschriften der Gedichte zum Anklicken. Achtung, auf dieser Seite gibt es etwas Werbung!

2. Hast du ein Gedicht gefunden, das dir gefällt?
Dann kannst du dir dafür eine Aufgabenkarte aussuchen.

3. Du kannst das Gedicht auch abschreiben und in diese Kartei einfügen. Vergiss nicht, den Autor dazuzuschreiben.

Das Männlein in der Gans

Das Männlein ging spazieren einmal
Auf dem Dach, ei seht doch!
Das Männlein ist hurtig*, das Dach ist schmal,
Gib acht, es fällt noch.
Eh' sich's versieht, fällt's vom Dach herunter
Und bricht den Hals nicht, das ist ein Wunder.

Unter dem Dach steht ein Wasserzuber*,
Hineinfällt's nicht schlecht;
Da wird es nass über und über,
Ei, das geschieht ihm recht.
Da kommt die Gans gelaufen,
Die wird's Männlein saufen.

Die Gans hat's Männlein 'nuntergeschluckt,
Sie hat einen guten Magen;
Aber das Männlein hat sie doch gedruckt*,
Das wollt' ich sagen.
Da schreit die Gans ganz jämmerlich;
Das ist der Köchin ärgerlich.

Die Köchin wetzt das Messer,
Sonst schneidt's ja nicht:
Die Gans schreit so, es ist nicht besser,
Als dass man sie sticht;
Wir wollen sie nehmen und schlachten
Zum Braten auf Weihnachten.

Sie rupft die Gans und nimmt sie aus
Und brät sie,
Aber das Männlein darf nicht 'raus.
Versteht sich.

***Schwierige Wörter**

- *hurtig:* schnell
- der *Wasserzuber:* eine Wanne mit Wasser
- *gedruckt:* gedrückt

Die Gans wird eben gebraten;
Was kann's dem Männlein schaden?
Weihnachten kommt die Gans auf den Tisch
Im Pfännlein;

Der Vater tut sie 'raus und zerschneid't sie frisch.
Und das Männlein?
Wie die Gans ist zerschnitten,
Kriecht's Männlein aus der Mitten.

Da springt der Vater vom Tisch auf,
Da wird der Stuhl leer;
Da setzt das Männlein sich drauf
Und macht sich über die Gans her.
Es sagt: „Du hast mich gefressen,
Jetzt will ich dafür dich essen."

Da isst das Männlein gewaltig drauf los,
Als wären's seiner sieben;
Da essen wir alle dem Männlein zum Trotz,
Da ist nichts übergeblieben
Von der ganzen Gans, als ein Tätzlein*,
Das kriegen dort hinten die Kätzlein.

Nichts kriegt die Maus,
Das Märlein* ist aus.
Was ist denn das?
Ein Weihnachts-Spaß;
Aufs Neujahr lernst
Du, was?
Den Ernst.

– Friedrich Rückert

***Schwierige Wörter**

- *das Tätzlein (die Tatze):* der Fuß
- *das Märlein:* das Märchen

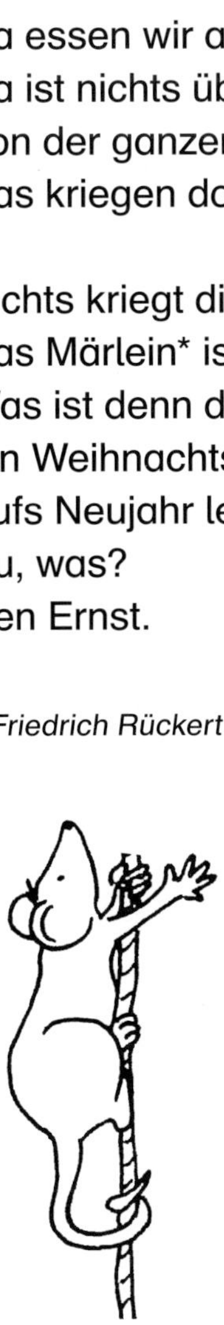

Arbeit in der Gruppe. Malt zu dem Gedicht eine Bildergeschichte. Wenn zu jeder Strophe ein Kind ein Bild malt, können neun Kinder mitmachen.

Ihr braucht:

- ✰ Papier in DIN-A4-Größe
- ✰ Wasserfarben, Ölkreiden oder Buntstifte
- ✰ eventuell Wasserbehälter, Pinsel
- ✰ Zeitungspapier zum Unterlegen
- ✰ Scanner
- ✰ Computer/Laptop
- ✰ Beamer
- ✰ weiße Wand oder Leinwand

So geht ihr vor:

1. Einigt euch zunächst, mit welchen **Farben** ihr malen möchtet. Alle Bilder sollten mit der gleichen **Technik** gemalt sein.
2. **Teilt ein**, wer zu welcher Strophe ein Bild malt.
3. Überlegt gemeinsam, wie ungefähr **das Männlein** aussehen soll, damit man es von Bild zu Bild wiedererkennt. Ihr könnt euch auch Merkmale überlegen: einen bestimmten Hut, eine spitze Nase oder ein grünes Jäckchen vielleicht.
4. Nun **malt** jeder sein Bild. Legt dazu den Block am besten quer vor euch hin.
5. Wenn die Bilder fertig und getrocknet sind, werden sie **eingescannt**. Lasst euch dabei von einem Erwachsenen helfen.
6. Nun könnt ihr eure Bilder groß mit Computer und Beamer **an der Wand zeigen**.
7. Übt, das Gedicht dazu zu **lesen**. Vielleicht lesen andere Kinder, die nicht gemalt haben. Vielleicht liest auch jeder die Strophe, zu der er gemalt hat. Überlegt euch, wie ihr es machen wollt.
8. **Übt den Ablauf** mit Vorlesen und Bilderzeigen. Am einfachsten ist es, wenn ein Erwachsener Computer und Beamer bedient.

Variante ohne Computer

Ihr braucht:

- ✰ Papier in DIN-A2-Größe
- ✰ Bleistift
- ✰ Wasserfarben, Borstenpinsel, Wassergefäß
- ✰ Zeitungspapier als Unterlage
- ✰ festen Untergrund für das Bild, z.B. die Rückwand des Zeichenblocks oder große Pappe
- ✰ eventuell Klebefilm

So geht ihr vor:

1. Der Ablauf ist **ähnlich wie beim ersten Vorschlag**, nur malt ihr auf große Papierbögen.
2. Die Bilder brauchen einen festen **Untergrund**. Lasst sie auf dem Zeichenblock, oder klebt sie mit Klebefilm auf eine große Pappe.
3. Sucht euch einen oder mehrere **Vorleser**, die das Gedicht vortragen. **Übt** mit ihnen den Ablauf: Nacheinander tretet ihr auf die Bühne und hebt passend zur Strophe euer Bild hoch. Dazu wird jeweils die Strophe vorgelesen.

Weihnachten – wie es wirklich war

War es so?
Maria kam gelaufen
Josef kam geritten
Das Jesuskindlein war glücklich
Der Ochse erglänzte
Der Esel jubelte
Der Stern schnaufte
Die himmlischen Heerscharen lagen in der Krippe
Die Hirten wackelten mit den Ohren
Die Heiligen Drei Könige beteten
Alle standen daneben

Oder so?
Maria lag in der Krippe
Josef erglänzte
Der Ochse war glücklich
Der Esel stand daneben
Der Stern jubelte
Die himmlischen Heerscharen kamen geritten
Die Hirten schnauften
Die Heiligen Drei Könige wackelten mit den Ohren
Alle beteten

Oder so?
Maria schnaufte
Josef betete
Das Jesuskindlein stand daneben
Der Ochse kam gelaufen
Der Esel kam geritten
Der Stern lag in der Krippe
Die himmlischen Heerscharen wackelten mit den Ohren
Die Hirten erglänzten
Die Heiligen Drei Könige waren glücklich
Alle jubelten

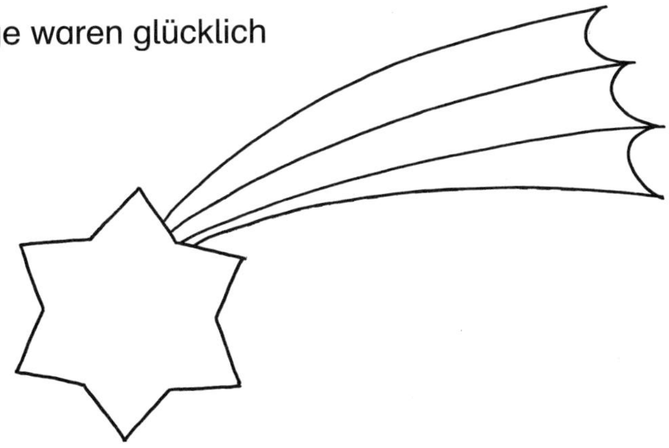

Große Verwirrung (2/3)

Oder so?
Maria jubelte
Josef war glücklich
Das Jesuskindlein wackelte mit den Ohren
Der Ochse lag in der Krippe
Der Esel erglänzte
Der Stern betete
Die himmlischen Heerscharen standen daneben
Die Hirten kamen geritten
Die Heiligen Drei Könige kamen gelaufen
Alle schnauften

Oder etwa so?
Maria betete
Josef stand daneben
Das Jesuskindlein lag in der Krippe
Der Ochse schnaufte
Der Esel wackelte mit den Ohren
Der Stern erglänzte
Die himmlischen Heerscharen jubelten
Die Hirten kamen gelaufen
Die Heiligen Drei Könige kamen geritten
Alle waren glücklich

Ja, so.

– Franz Hohler

Hier können 21 Kinder mitmachen. Spielt eurem Publikum diesen Text als Verwirr-Gedicht mit großen Texttafeln vor.

Ihr braucht:

- ✩ weiße Pappe in DIN-A3-Größe (oder normale braune Pappe, beklebt mit weißem oder buntem Papier)
- ✩ sehr dicke Marker, Buntstifte

So geht ihr vor:

1. Jeder von euch **liest den Text** erst einmal für sich. **Unterstreicht** dann mit einer Farbe die Teile, die von Strophe zu Strophe genau so stehen bleiben. Unterstreicht mit einer anderen Farbe die Teile, die von Strophe zu Strophe wechseln. Was fällt euch auf?

2. **Überlegt gemeinsam:** Was ist das Besondere an dem Gedicht? Wie verändert es sich? Wie ist es gebaut?

3. Nun schreibt ihr mit den dicken Markern auf **20 Pappen eine Strophe** auf – je 2 Pappen für eine Zeile. Auf eine Pappe schreibt ihr jeweils den **Satzanfang**, der immer stehen bleibt. Auf eine andere Pappe das **Satzende**, das immer den Platz wechselt. Vorne drauf schreibt ihr das Satzende in der Einzahl, hinten drauf das Satzende in der Mehrzahl.

4. Nun könnt ihr die **Aufführung** eures Verwirr-Gedichts **üben**. 20 Kinder bekommen dazu jeweils eine Pappe, ein Kind liest die Zeilen zwischen den Strophen vor.

5. Stellt euch in **2 Gruppen** auf: die Satzanfänge und die Satzenden. Dazu treten jeweils ein Satzanfang und ein Satzende vor, halten ihr Schild nach oben und sprechen ihren Teil des Satzes.
   Die **Satzanfänge** haben es leichter. Sie stehen in einer Reihe hintereinander und ändern ihre Reihenfolge nicht. Wenn das erste Kind vorne war, stellt es sich für die nächste Strophe einfach hinten wieder an.
   Bei den **Satzenden** ist es schwieriger, weil sie jedes Mal an einem anderen Satzanfang hängen. Am einfachsten ist es, wenn ihr in einer lockeren Gruppe steht. Jeder sollte sich dann die Reihenfolge der Satzanfangs-Kinder merken, mit denen er zusammenspricht. Achtet auch darauf, ob ihr die Einzahl- oder die Mehrzahl-Seite zeigen müsst.

Tipp:

Schreibt euer **eigenes Weihnachts-Verwirr-Gedicht!** Ihr könnt mit diesem Gedicht arbeiten, die Satzanfänge so lassen und euch neue Enden überlegen. Oder schreibt einen ganz neuen Text.

Ladislaus und Annabella

In der Ecke eines Fensters
Unten rechts im Warenhaus,
Sitzt die Puppe Annabella
Mit dem Bären Ladislaus.

Annabella weint und jammert,
Ladislaus, der grunzt und schnauft:
Weihnachtsabend ist gekommen,
Und die zwei sind nicht verkauft.

„Armer Bär!“, seufzt Annabella,
„Arme Puppe“, schluchzt der Bär.
Tränen kullern in die Ecke,
Und das Herz ist beiden schwer.

In dem leeren Warenhause
Löscht man langsam Licht um Licht,
Nur in diesem einen Fenster,
Da verlöscht die Lampe nicht.

Voller Mitleid mit den beiden
Lässt der brave alte Mann
Von der Wach- und Schließgesellschaft
Diese letzte Lampe an.

Dann verlässt er Annabella
Und den Bären, welcher klagt
Und mit sehr gepresster Stimme
„Lebewohl“ und „Servus“ sagt.

In der menschenleeren Straße,
Abendstill und schneeverhüllt,
Sind die beiden in dem Fenster
Ein betrüblich* Jammerbild.

Traurig vor der großen Scheibe
Fallen Flocken, leicht wie Flaum*,
Und im Hause gegenüber
Glänzt so mancher Lichterbaum.

Zehn Uhr schlägt's vom nahen Turme,
Und fast schlafen beide schon,
Da ertönt im Puppenhause
Laut das Puppentelefon.

„Hallo!", fragt der Bär verschlafen.
„Hier das Kaufhaus. Wer ruft an?"
Da vernimmt er eine Stimme,
Und die brummt: „Der Weihnachtsmann!"

„Oh!", ruft Ladislaus erschrocken.
„Was darf's sein, ich bitte sehr?"
„Eine schöne Puppenstube,
Eine Puppe und ein Bär!"

„Das ist alles noch zu haben!"
Ruft die Puppe Annabell.
„Kommen Sie zum Warenhause
Unten rechts, doch bitte schnell!"

Das ist eine Überraschung!
Ladislaus kämmt schnell den Schopf*,
Und die Puppe Annabella
Flicht ein Schleifchen in den Zopf.

Und schon zehn Minuten später
Kommt ein Schlitten, kommt ein Ross*,
Und ein Alter steigt vom Schlitten,
Und ein Schlüssel knarrt im Schloss.

Ladislaus, der quiekt und jodelt,
Annabella lacht und singt,
Als der Weihnachtsmann die beiden
In den Pferdeschlitten bringt.

Grad in diesem Augenblicke
Kommt der brave alte Mann
Von der Wach- und Schließgesellschaft
Wieder kontrollierend an.

Höflich grüßt er die Gesellschaft,
Springt zurück ins Warenhaus,
Holt die schöne Puppenstube,
Und dann trägt er sie hinaus.

Leise sagt er zu der Puppe:
„Frohes Fest, mein kleines Kind!"
Während eine kleine Träne
in den großen Schnauzbart rinnt.*

„Frohes Fest!", sagt Annabella.
„Frohes Fest!", ruft Ladislaus.
Dann wird's dunkel in dem Fenster
Unten rechts im Warenhaus.

– James Krüss

***Schwierige Wörter**

- ✩ betrüblich: traurig
- ✩ der Flaum: kleine, weiche, warme Federn
- ✩ der Schopf: die Haare
- ✩ das Ross: das Pferd
- ✩ es rinnt: es fließt

Überlegt zu mehreren, wie ihr das Gedicht vorlesen und spielen könnt.
Ihr braucht sieben bis 11 Kinder für die Aufführung.

Rollen und Aufgaben:

- Annabella
- Ladislaus
- Nachtwächter
- Weihnachtsmann
- Pferd
- einen oder mehrere Vorleser
- einen oder mehrere Beleuchter

Requisiten und Kostüme:

- als **Bärenkostüm**: braune Hose, brauner Pullover/Shirt, als Ohren runde Pappohren, die ihr mit etwas Draht an einem Haarreifen befestigt, eventuell braune Kinderschminke
- **Puppenkostüm:** Kleid oder Rock mit buntem Pullover, weiße Strümpfe
- **Nachtwächter:** Arbeitskittel, Schlüsselbund
- **Weihnachtsmann:** roter Mantel, Weihnachtsmannmütze
- **Pferd:** einheitlich weiße, braune oder schwarze Kleidung, eventuell ein Steckenpferd
- als **Schaufenster** eventuell einen großen Rahmen aus Pappe
- Gong oder Klangstäbe als **Kirchenglocke**
- **Telefon**, zusätzlich ein Handy, das man anrufen und klingeln lassen kann
- **Kamm** und **Schleifchen**/Spangen
- als **Schlitten** 3 verbundene Rollbretter
- als **Puppenstube** einen großen Karton
- unterschiedliche **Lampen**, die man getrennt voneinander ein- und ausschalten kann
- eventuell **Verlängerungskabel** und Mehrfachsteckdosen

So geht ihr vor:

1. Verteilt zunächst die **Rollen**. Annabella, Ladislaus, der Nachtwächter und der Weihnachtsmann sprechen die Texte, die sie im Gedicht sagen. Sie müssen sie auch später auswendig lernen. Der oder die Vorleser können den übrigen Text ablesen.
2. **Markiert** eure **Lesestellen**, und **übt** erst einmal gemeinsam lesen.
3. **Überlegt euch**, was die Schauspieler zu den einzelnen Stellen **spielen** könnten. Notiert es auf einem Blatt.
4. Wenn die Schauspieler ihre Texte auswendig können, **übt** das **Stück mit der Handlung**. Der oder die Vorleser müssen darauf achten, dass sie mit dem Weiterlesen warten, bis die Schauspieler fertig sind. Am besten übt ihr dort, wo später die Bühne ist.
5. Wenn das alles gut klappt, übt mit den **Beleuchtern** gemeinsam. Eine Lampe sollte in jedem Fall auf das Schaufenster gerichtet sein, eine später auf den Weihnachtsmann. Auch die Beleuchter können sich notieren, was sie jeweils tun müssen.

Viel Spaß und viel Erfolg!

Die Weihnachtsmaus

Die Weihnachtsmaus ist sonderbar
(Sogar für die Gelehrten),
Denn einmal nur im ganzen Jahr
Entdeckt man ihre Fährten.

Mit Fallen oder Rattengift
Kann man die Maus nicht fangen.
Sie ist, was diesen Punkt betrifft,
Noch nie ins Garn gegangen.

Das ganze Jahr macht diese Maus
Den Menschen keine Plage.
Doch plötzlich aus dem Loch heraus
Kriecht sie am Weihnachtstage.

knis-	per,	knas-	per,	knis-	per,	knas-	per,	knis-	per,	knas-	per,	knis-	per,	knas-	per
♪	♪	♪	♪	♪	♪	♪	♪	♪	♪	♪	♪	♪	♪	♪	♪

Zum Beispiel war vom Festgebäck,
Das Mutter gut verborgen,
Mit einem Mal das Beste weg
Am ersten Weihnachtsmorgen.

Da sagte jeder rundheraus:
„Ich hab es nicht genommen!
Es war bestimmt die Weihnachtsmaus,
Die über Nacht gekommen!"

Das		war		die		Maus,		das		war		die		Maus.	
♩		♩		♩		♩		♩		♩		♩		♩	

Ein andres Mal verschwand sogar
Das Marzipan vom Peter,
Was seltsam und erstaunlich war,
Denn niemand fand es später.

Der Christian rief rundheraus:
„Ich hab es nicht genommen!
Es war bestimmt die Weihnachtsmaus,
Die über Nacht gekommen!"

Ich				war				es				nicht!			
𝅗𝅥				𝅗𝅥				𝅗𝅥				𝅗𝅥			

Ein drittes Mal verschwand vom Baum,
An dem die Kugeln hingen,
Ein Weihnachtsmann aus Eierschaum
Nebst andern leckren Dingen.

Die Nelly sagte rundheraus:
„Ich habe nichts genommen!
Es war bestimmt die Weihnachtsmaus,
die über Nacht gekommen!“

knis-	per,	knas-	per,	knis-	per,	knas-	per,	knis-	per,	knas-	per,	knis-	per,	knas-	per
Das		war		die		Maus,		das		war		die		Maus.	

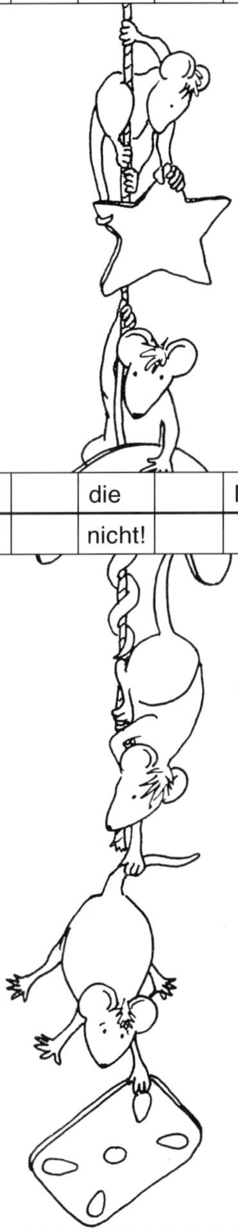

Und Ernst und Hans und der Papa,
Die riefen: „Welche Plage!
Die böse Maus ist wieder da,
Und just am Feiertage!“

Nur Mutter sprach kein Klagewort.
Sie sagte unumwunden:
„Sind erst die Süßigkeiten fort,
ist auch die Maus verschwunden!“

Das		war		die		Maus,		das		war		die		Maus.	
Ich				war				es				nicht!			

Und wirklich wahr: Die Maus blieb weg,
Sobald der Baum geleert war,
Sobald das letzte Festgebäck
Gegessen und verzehrt war.

Sagt jemand nun, bei ihm zu Haus –
Bei Fränzchen oder Lieschen –
Da gäb es keine Weihnachtsmaus,
Dann zweifle ich ein bisschen!

Doch sag ich nichts, was jemand kränkt!
Das könnte euch so passen!
Was man von Weihnachtsmäusen denkt,
Bleibt jedem überlassen!

knis-	per,	knas-	per,	knis-	per,	knas-	per,	knis-	per,	knas-	per,	knis-	per,	knas-	per
Das		war		die		Maus,		das		war		die		Maus.	
Ich				war				es				nicht!			

– James Krüss

Ein Mäuse-Sprechstück (3/3)

Führt zu mehreren das Gedicht „Die Weihnachtsmaus“ als Sprechstück mit Rhythmus auf.
Eure Gruppe kann vier bis 30 Kinder groß sein.

Ihr braucht:
Orff-Instrumente, wie Holzblocktrommeln, Tamburine und Rasseln

So geht ihr vor:

1. **Lest das Gedicht** sorgfältig durch. An den Stellen, wo **Tabellen** auftauchen, spricht eine Gruppe von Kindern Rhythmus-Texte. Diese Texte gehören eigentlich nicht zum Gedicht.

2. Ihr braucht **zwei Gruppen**: eine Gedicht-Gruppe und eine Rhythmus-Gruppe. In der Rhythmus-Gruppe müssen mindestens drei Kinder sein. Ansonsten könnt ihr euch **aufteilen**, wie ihr möchtet. Die **Gedicht-Gruppe** liest das Gedicht vor oder spricht es auswendig. Die **Rhythmus-Gruppe** spricht die drei kurzen Texte wie eine Art Rap. Zusätzlich spielen sie den Rhythmus auch mit Instrumenten.

3. **Teilt dann die Rollen für jedes Kind ein.**
   Gedicht-Gruppe: Teilt den Gedicht-Text so ein, dass jeder einen Teil sprechen kann. Die Aufteilung soll auch zum Gedicht passen.
   Beispiel: Wenn ihr nur zu zweit seid, kann einer die Erzählung lesen, einer die wörtliche Rede. Wenn ihr viele seid, kann jede Strophe ein anderes Kind lesen. Jeder markiert die Teile, die er liest.
   Rhythmus-Gruppe: Teilt euch gleichmäßig auf die drei verschiedenen Sprech-Texte auf. Überlegt euch, mit welchen Instrumenten ihr welchen Text begleitet. 4-mal „knisper-knasper“ (♪) sagen, ist genauso schnell wie 2-mal „Das war die Maus“ (♩). In der gleichen Zeit wird aber nur 1-mal „Ich war es nicht!“ (𝅗𝅥) gesagt.
   Die Texte werden immer 1-mal wiederholt.

4. **Übt dann eure jeweiligen Passagen**, alleine und auch zusammen mit eurer Gruppe.
   Gedicht-Gruppe: Achtet auf die Lautstärke und auf die Betonung. Wenn ihr den Text lest, schaut ab und zu vom Blatt auf.
   Rhythmus-Gruppe: Übt eure Texte mit Instrumenten. Die Instrumente machen genau den Rhythmus der Sprache mit. Übt die Texte einzeln, hintereinander, zusammen und wie einen Kanon. Übt dann so, wie es im Gedichttext bei den Strophen steht. Am Schluss üben **die Gruppen zusammen die flüssigen Übergänge.**

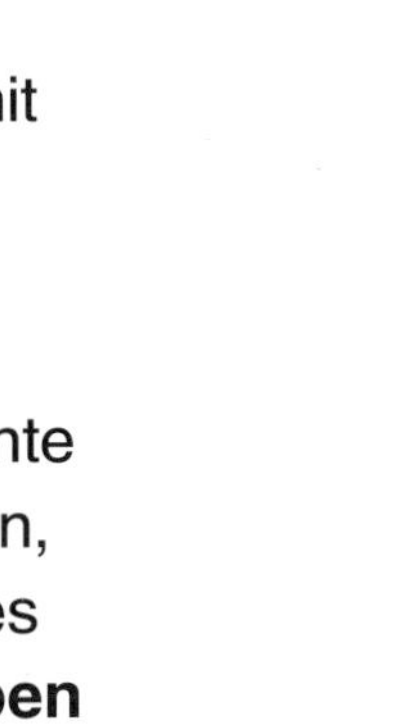

5. Bei der **Aufführung** klingt es toll, wenn sich die Rhythmus-Gruppe im Raum verteilt. Dafür müsst ihr aber sehr sicher sein. Wenn ihr nicht so sicher seid, bleibt lieber zusammen stehen.

Eure Ergebnisse aus der Kartei präsentieren

Was ihr in der Gedichte-Kartei erarbeitet habt, ist vielleicht so toll, dass ihr es einem großen Publikum vorstellen möchtet.
Hier einige Vorschläge, wie ihr eure Ergebnisse präsentieren könnt.

Möglichkeit 1: Vortragen

Geeignet für diese Aufgaben-Karten:

- ✩ **Ein Gedicht vorlesen (Karte A)**
- ✩ **Ein Gedicht auswendig lernen (Karte B)**
- ✩ **Klänge zu einem Gedicht finden (Karte C)**

1. Wenn ihr zu mehreren wart, **überlegt gemeinsam**, ob ihr präsentieren möchtet.
2. Dann heißt es: den Vortrag gut **üben**.
3. Vor dem Auftritt mit **Test-Publikum** üben. Was kann man noch verbessern?

Möglichkeit 2: Festdekoration

Geeignet für diese Aufgaben-Karten:

- ✩ **Gedichte-Laterne (Karte F)**
- ✩ **Gedicht-Fensterbild (Karte G)**

1. Hier ist es gut, wenn **mehrere andere Kinder** auch Gedicht-Laternen oder Fensterbilder gestaltet haben.
2. Nutzt eure Produkte als **Dekoration für die Feier**. Verteilt die Laternen auf den Tischen. Klebt die Fensterbilder ins Fenster, oder hängt sie an Fäden auf.

Möglichkeit 3: Bilder-Show

Geeignet für diese Aufgaben-Karten:

- ✩ **Gedicht-Comic (Karte C)**
- ✩ **Ein Bild zu einer Zeile (Karte D)**
- ✩ **Ein Schwarz-bunt-Bild malen (Karte E)**

1. Hier sollten auf jeden Fall **mehrere Bilder** vorliegen, sonst lohnt es sich nicht. Besonders schön ist es, wenn die Bilder mit der gleichen Technik gestaltet sind.
2. Lasst einen Erwachsenen die **Bilder einscannen oder auf Folie kopieren.**
3. Sie werden nun hintereinander mit einem Beamer oder einem Overhead-Projektor **auf eine weiße Wand oder eine Leinwand projiziert.** Dazu spricht das Kind, das das Bild gemalt hat, das **Gedicht – auswendig oder vorgelesen.**
4. **Übt** vor der Vorführung den Ablauf und den Vortrag. Es ist gut, wenn sich ein extra „Techniker“ um den Wechsel der Bilder kümmert.

Quellenverzeichnis

Ach, du lieber heiliger Christ. *www.gedichte-fuer-alle-faelle.de/weihnachtsgedichte/index.php?fnr=400*

Ausländer, Rose: Weihnacht. In: R.A.: Gesammelte Werke in sieben Bänden. Hg. von Helmut Braun. Bd. 2: Die Sichel mäht die Zeit zu Heu. Gedichte 1957–1965. Frankfurt/M.: S. Fischer Verlag 1985, S. 224.

Bernstein, F.W. (d.i. Fritz Weigle): Weihnachten in der Schule. In: F.W.B.: Die Gedichte. München: Kunstmann, 2003, 567.

Boelitz, Martin: Knecht Ruprecht. *www.gedichte-fuer-alle-faelle.de/weihnachtsgedichte/index.php?fnr=230*

Christkind komm in unser Haus. *www.gedichte-fuer-alle-faelle.de/weihnachtsgedichte/index.php?fnr=229*

Christkindlein, ich bitte dich. *www.gedichte-fuer-alle-faelle.de/weihnachtsgedichte/index.php?fnr=236*

Der schönste Baum. In: Reinhard Abeln (Hg.): Liebes Christkind, komm doch bald. Mit Liedern und Geschichten durch die Adventszeit. Kevelaer: Butzon & Bercker 2001, S. 63.

Don Quixote: Wärme. *www.haiku-kurzgedichte.de/haiku-dezember/e349-haiku.html*

Don Quixote: Weihnachtsstern. *www.haiku-kurzgedichte.de/haiku-dezember/e35-haiku.html*

Fallersleben, August Heinrich Hoffmann von: Morgen kommt der Weihnachtsmann. In: A.H.H.v.F: Kinderlieder. Hg. v. Lionel von Donop. Hildesheim/New York: Olms 1976.

Fallersleben, August Heinrich Hoffmann von: Was bringt der Weihnachtsmann? *www.gedichte-fuer-alle-faelle.de/weihnachtsgedichte/index.php?fnr=237*

Guggenmos, Josef: Am 4. Dezember. In: J.G.: Ich will dir was verraten. Weinheim, Basel: Beltz & Gelberg Verlag 1992, S. 166

Guggenmos, Josef: Der Nussknacker. In: J.G.: Was denkt die Maus am Donnerstag? 121 Gedichte für Kinder. München: Deutscher Taschenbuchverlag 2001, S. 80.

Hohler, Franz: Weihnachten – wie es wirklich war. In: F.H.; Nikolaus Heidelbach: Der Riese und die Erdbeerkonfitüre. München: DTV 2000.

Kaléko, Mascha: Was die Rose im Winter tut. (Ausschnitt) In: M.K.: Die paar leuchtenden Jahre. München: Deutscher Taschenbuch Verlag 2003.

Knecht Ruprecht, du trägst Huckepack. *www.gedichte-fuer-alle-faelle.de/weihnachtsgedichte/index.php?fnr=230*

Koegel, Fritz und Emily: Der Bratapfel. In: Paul Faulbaum (Hg.): Sonniges Jugendland. Osterwick, Zickfeld 1922.

Krenzer, Rolf: Wann fängt Weihnachten an? In: R.K. (Hg.): Die schönsten Geschichten zur Advents- und Weihnachtszeit. Ein Lese- und Erzählbuch. Für Gemeinde und Familie. Freiburg/Br.: Herder Verlag 1992, S. 115.

Krüss, James: Die Weihnachtsmaus. In: J.K.: Der wohltemperierte Leierkasten. 12-mal 12 Gedichte für Kinder, Erwachsene und andere Leute. 2. Aufl. der überarb. Neuausg. 1989. München: C. Bertelsmann Verlag: 1997, S. 104/105.

Krüss, James: Ladislaus und Annabella. In: J.K.; Beatrice Braun-Fock: Ladislaus und Annabella. München: Lentz 1957.

Mai, Manfred: Heiße Liebe. In: M.M.: Leselöwen Weihnachtsgedichte. Bindlach: Loewe 1997, S. 48.

Mai, Manfred: Weihnachtsfeiertag. In: M.M.: Leselöwen Weihnachtsgedichte. Bindlach: Loewe 1997. S. 53.

moona: Das leise Gedicht. *www.haiku-kurzgedichte.de/haiku-dezember/e827-haiku.html*

Niklaus, Niklaus, heiliger Mann: traditionell.

Nikolaus, du guter Mann. *www.gedichte-fuer-alle-faelle.de/weihnachtsgedichte/index.php?fnr=339*

Nöstlinger, Christine: Abendgebet. In: Reinhard Abeln (Hg.): Liebes Christkind, komm doch bald. Mit Liedern und Geschichten durch die Weihnachtszeit. Kevelaer: Butzon & Bercker, 2001, S. 35.

Nöstlinger, Christine: Ans Christkind. In: Ch.N.: Fröhliche Weihnachten, liebes Christkind. Weinheim, Basel: Beltz & Gelberg 2000, S. 39.

Richter, Jutta: Weihnachten. *www.pen.org/viewmedia.php/prmMID/2341/prmID/1596* © Jutta Richter.

Ritter, Anna: Vom Christkind. In: Gedichte zur Weihnachtszeit. Für Gemeinde, Familie, Schule. Hg. von Wilhelm Horkel. Lahr: Ernst Kaufmann 1990, S. 53.

Ruck-Pauquèt, Gina: Traumbescherung. In: Kerstin Kipker (Hg.): Von drauß' vom Walde komm ich her. Die schönsten Weihnachtsgedichte. Würzburg: Arena 1997, S. 40–41.

Rückert, Friedrich: Das Männlein in der Gans. *www.gedichte-fuer-alle-faelle.de/weihnachtsgedichte/index.php?fnr=237*

Rupprecht, Rupprecht, guter Gast. *www.weihnachtsstadt.de/Gedichte/kinder/sprueche.htm*

Schallehn, Hilger; Hoffmann von Fallersleben, August Heinrich: Morgen kommt der Weihnachtsmann (Strophe 1+2 H.S., Str. 3 A.H.H.v.F). In: Ingeborg Weber-Kellermann: Das Buch der Weihnachtslieder. 151 Deutsche Advents- und Weihnachtslieder. Musikal. Bearbeitung von Hilger Schallehn. Mainz: B. Schott's Söhne. 1982, S. 186.

Scheffler, Ursel: Vorweihnachtstrubel. In: U.S.; Barbara Moßmann: Adventskalender-Geschichten. 8. Aufl. Freiburg/Br., Wien: KeRLE im Verlag Herder 2000, S. 47.

Schreiber-Wicke, Edith: Katzenweihnacht. In: Ursula Wagner (Hg.): Zu Bethlehem geboren. Die schönsten Weihnachtsgedichte zum Aufsagen. Berlin: Ullstein 1997.

Schwarz, Regina: Wo man Geschenke verstecken kann. In: Hans-Joachim Gelberg (Hg.): Großer Ozean. Gedichte für alle. Weinheim, Basel: Beltz & Gelberg 2000, S. 105.

Sintaklaas, Sintaklaas. In: Fritz Meyers (Hg.): Niederrheinisches Weihnachtsbuch. Ein Hausschatz für die Tage vom 1. Advent bis zu den Heiligen Drei Königen. Duisburg: Mercator-Verlag 1981, S. 24.

Storm, Theodor: Knecht Ruprecht. *http://gutenberg.spiegel.de/?id=5&xid=2786&kapitel=217&cHash=6755b23f75ruprecht#gb_found*

Storm, Theodor: Weihnachtslied. In: Th.St.: Sämtliche Werke in vier Bänden. Hg. von Peter Goldammer. Bd. 1; Berlin, Weimar: Aufbau 1982.

Thoma, Ludwig: Heilige Nacht. In: L.TH.: Ausgewählte Werke in drei Bdn. Bd. 1. München: Piper 1973, S. 209.

Uebe, Ingrid: Drei Könige ziehen vorbei. In: Kerstin Kipker (Hg.): Von drauß' vom Walde komm ich her. Die schönsten Weihnachtsgedichte. Würzburg: Arena 1997, S. 74.

Vahle, Fredrik: Wo wohnt wohl der Weihnachtsmann? In: F.V.: Weihnachtsgrüße. Geschichten und Gedichte, nicht nur zur Weihnachtszeit. Köln: Gertraud Middelhauve Verlag 1986, S. 22/23.

Wildenbruch, Ernst von: Christkind im Walde. *www.christmasmagazine.com/de/spirit/poem.asp?ID=33&sort=title*

Wölfel, Ursula: Geboren ist das Kind zur Nacht. In: Wunder Welt. 4. Schuljahr. Düsseldorf: Pädagogischer Verlag Schwann, 1968 © 1968 Cornelsen Verlag, Berlin.